Hubert Ettl (Hrsg.)

NIEDERBAYERN

Reise-Lesebuch

edition lichtung

1. Auflage 1997

94234 Viechtach Postackerweg 10

Satz und Gestaltung: Hubert Ettl
Umschlagfoto: Bruno Mooser
Herstellung: Kartenhaus Kollektiv Regensburg
Repros: Gegensatz Regensburg
ISBN 3-929517-19-1

Inhalt

Vorwort

„Eine neue literarische Vermessung" Bayerns und der Nachbarländer entstehe durch unsere Reihe der Reise-Lesebücher, schrieb einer der Kritiker nach dem Erscheinen des letzten Bandes zur Oberpfalz. Literarisch und fotografisch durchstreift dieser vierte Band Niederbayern von der Donau zum Inn hinüber. Ausgespart bleibt also der Bayerische Wald, da zu ihm schon ein eigener Band erschienen ist. Auch thematisch wird auf das ein oder andere verzichtet, weil in den anderen Bänden schon gesagt oder gezeigt.

Dem Konzept der Reihe folgend porträtieren Autoren und Fotografen, die in Niederbayern leben oder aus Niederbayern stammen, diese Region. Sie beschreiben, was typisch niederbayerisch ist, aber auch Randständiges. Sachbeiträge, Gedichte und Erzählungen zeigen im Zusammenspiel mit den Fotos ein vielgestaltiges Bild Niederbayerns jenseits der Prospektidyllen. Dabei begleiten die Fotos die Texte, illustrieren meist nicht bloß einfach die im Text beschriebenen Personen, Orte und Ereignisse, sie verweisen z.B. auf Ähnliches an anderen Orten oder heben einen Aspekt besonders hervor, bilden insgesamt einen eigenständigen Hintergrundfilm, der so auch die Bildsprache der jeweiligen Fotografen vermittelt.

Niederbayern zu porträtieren heißt natürlich zunächst einmal, das bäuerliche Niederbayern einzufangen – so wird diese Region von außen in erster Linie wahrgenommen –, als Bauernland, und je nach Sichtweise als idyllisches, wo die Welt noch in Ordnung ist, oder als rückständiger Landstrich. Die Landwirtschaft aber hat sich in den letzten Jahrzehnten grundlegend geändert; neben den kleinen Bauernhöfen, die mehr und mehr aufgegeben werden, haben sich die großen Agrarbetriebe durchgesetzt. Der fruchtbare Gäuboden, das Hügelland zwischen Isar und Inn und auch der westliche Teil, der schon zur Hollertau gehört, haben eine andere Geschichte, einen anderen Charakter als z.B. der benachbarte Bayerische Wald oder die Oberpfalz. Selbstverständlich ist auch Niederbayern heute kein Agrarland mehr; Industrie, Handwerk und Dienstleistungsbetriebe sind wie andernorts die vorherrschenden Wirtschaftssektoren.

Niederbayern – das sind auch die vielen kleinen und mittleren Städte mit ihren historischen Stadtbildern, allen voran Landshut, Passau, Straubing. Auch diese Stadtgeschichte gilt es einzufangen, wenngleich dieses Vorzeigebild hier nicht im Vordergrund stehen soll. Zu fragen ist auch, wie mit dieser Kultur umgegangen wird. Den Wandel zu zeigen, vor allem den in den letzten Jahrzehnten, ist analog den vorangegangenen Bänden auch ein Anliegen dieses Buches. Wie stehen sich Altes und Neues gegenüber, wie arrangieren sich die Menschen mit diesen Veränderungen? Verkommt Traditionspflege zur heimattümelnden Folklore?

Niederbayern ist noch nicht so schick herausgeputzt und so glatt gebürstet wie Oberbayern, die Widersprüche treten klarer zutage. Und dann ist in Niederbayern eine Querschädligkeit zuhause, vielleicht auch etwas Anarchisches. Eine stattliche Kabarettisten- und Satirikerschar hat Niederbayern hervorgebracht, aus der ein paar hier zu Wort kommen.

Der vorliegende Band möchte den Leser – ob Gast oder Einheimischer – mitnehmen auf eine Lesereise, die ihm ein sowohl realistisches wie poetisches Bild Niederbayerns zeigt.

Hubert Ettl

Haindlingberg

Foto: Mooser

Bruno Jonas

Irrealis

Foto: Mooser

Ich bin Niederbayer. Es gibt Tage, da geh' ich voll auf im niederbayerischen Sein.

Wenn man als Niederbayer in die Welt geworfen wird, hat man schon seine Vorteile. Einerseits. Andererseits lebt man unter verschärften Bedingungen, weil der Niederbayer lebt im Irrealis und durch den Irrealis. Der Realis interessiert ihn nur peripher sozusagen, einerseits. Andererseits gebraucht er ihn auch, aber nur wenn's ned anders geht. Und meistens geht's aa anders. Wenn beispielsweise ein Niederbayer einen Termin hat ... schon falsch.

Ein Niederbayer hat keine Termine. Ein Niederbayer macht sich was aus, mit einem anderen Niederbayern. Zwei Niederbayern machen sich was aus.

„Sog amoi, wos dat'st iazt du sogn, wenn i di frogn dat, ob du morgn Zeit hätt'st auf an Schmaatzs?"

„Kannt ma drüba redn."

„Dann dat i sogn morgn um zwoa im ‚Grauen Hosn'."

„Kannt hihaun."

Auf diese Weise verabredet sich der Niederbayer.

So. Jetzt ist es zwei Uhr, und der oane Niederbayer ist bereits da und erwartet den anderen Niederbayern. Jetzt kommt der andere und sagt zu dem, der wartet:

„I waar iazt do."

Darauf sagt der andere:

„Zeit waar's!"

Das ist der Irrealis. Wenn der Niederbayer kommt, sagt er net, daß er „do is“ sondern, daß er „do waar“. Heißt nichts anderes als: „Kannt sei, daß i do bin“ beziehungsweise bedeutet: „Paß auf, sunnst kannt's sei, daß i glei wieder weg bin.“

Das heißt, er ist sich selber nicht ganz sicher. Stellt sich also in seiner irdischen Anwesenheit in Frage. Zweifelt.

Der Niederbayer ist nicht nur skeptisch, daher seine tiefe Gläubigkeit. Nur wer nichts weiß, kann glauben.

Das weiß der Niederbayer.

Deshalb mag der Niederbayer vui überhaupt ned wissen. Weil er woaß, je mehr er woaß, desto weniger kann er glauben.

Hört der Niederbayer etwas Unglaubliches, was es für ihn nicht gibt, weil er alles glaubt, aber es kommt vor, daß man ihm etwas zuträgt, was unglaublich scheint, dann sagt der Niederbayer:

„Glei glaub i's“ oder: „Mechst es eh ned glaum!“ Das heißt wiederum nur, daß er sofort bereit ist, es zu glauben.

Das ist der Irrealis. Der Irrealis ist das zentrale Wesensmerkmal des Niederbayerischen. Wie übrigens auch des Oberbayerischen. Der Oberbayer ist ja nichts anderes als ein mutierter Niederbayer.

Berühmt ist auch das Beispiel aus dem niederbayerischen Bankwesen. Die Kreditfrage. Sagt der oane zum andern: „Kunnst ma fünf Mark leihn?“

Die korrekte Antwort dat lauten:

„Kenna dat i scho!“

Oder, letztes Beispiel, die klassische niederbayerische Liebeserklärung:

„Wenn i di frogn dat, ob's du mi mögn kannst, wos dat'st'n nacha du do sogn?“

„Dat'st mi du frogn?“

„Kannt scho sei.“

„Dann dat i scho wos sogn.“

„Des woit i nua wissen ...!“

Sie werden es wahrscheinlich ned kenna, dieses Gefühl, das zwischen Pocking und Simbach auf der B 12 Richtung Passau bei untergehender Sonne im Rückspiegel sichtbar wird. Bei 180 km/h.

Kannt sei, daß amoi wos sei kannt
kannt sei, daß's nix is, aa wenn's wos waar
kannt aa sei, daß's nix sei kannt
des waar nix und wenn's nix waar
waar's ebbs gwen, wos wos kenna hätt sei.

Entschuldigung, eben brach sich das Niederbayerische in mir Bahn. Wie komme ich da drauf? Wegen dem Goaßgschau. Das ist eine Innenansicht, die außen sichtbar ist. Man schaut dabei nach innen, sieht aber nur sich selbst, indem man aus sich hinausschaut. – Hohe Schule. Kann nicht jeder. –

Oft sehe ich mich auch in anderen und doch bin ich's nicht.

Aber es ist wahr. Wahrheit, ein großes Wort.

Aber ein gescheiter Blödsinn!

Reichenöd und Ruhstorf Foto: Mooser

Albert Sigl

Aufschnitt

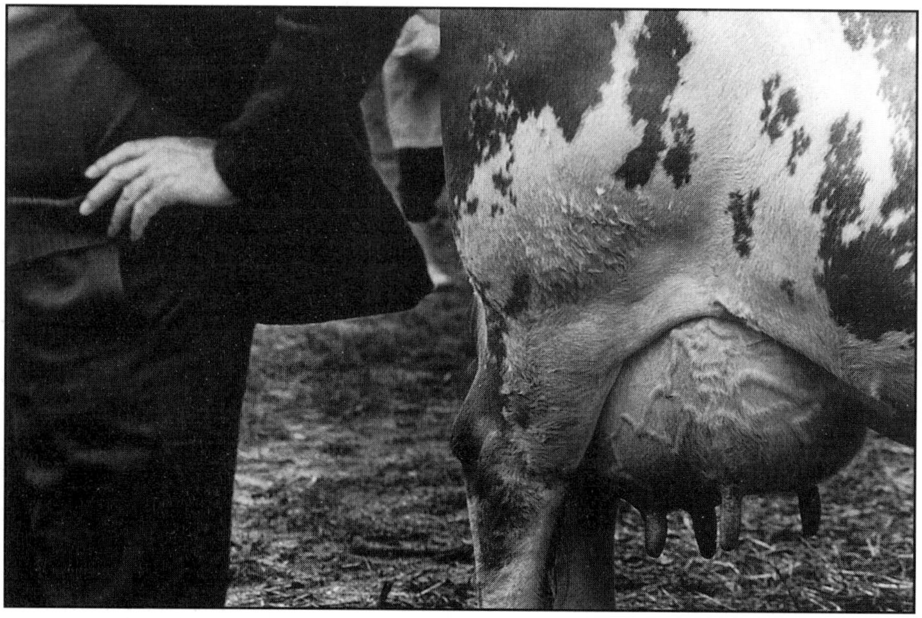

Foto: Mooser

Daß es jeden Tag einen Aufschnitt gegeben hat, das brauchst du nicht glauben. Das war schon eine seltene Angelegenheit, wenn es bei uns einen Aufschnitt gegeben hat. Wenn der Onkel und die Tante aus München gekommen sind, dann hat es vielleicht einen Aufschnitt gegeben, aber sonst hat es keinen Aufschnitt gegeben. Arme Hund sind wir vielleicht gerade nicht gewesen, aber daß es jeden Tag einen Aufschnitt gegeben hat, das brauchst auch wieder nicht meinen.

Damals ist es so gewesen, wenn die Mutter gesagt hat, geh zum Metzger und kauf ein Pfund Aufschnitt, dann haben wir gewußt, daß Besuch kommt. Und die Metzgerin hat es auch gewußt, weil wir sonst immer die Restl kaufen haben müssen, aber wir haben zur Metzgerin nicht mehr sagen müssen, daß es für den Hund ist, wie am Anfang, weil sie es schon gewußt hat, daß wir die Restl für den Hund selber zusammenfressen. Und wir haben auch gewußt, daß es der Sonntag ist, weil wir wieder am Nachmittag beim Besuch sitzen müssen und brav sein.

Die Ewigkeit haben wir uns so langweilig vorgestellt wie ein Sonntagnachmittag, wenn Besuch kommt. Weil du bist ja praktisch tot und kannst nicht aus, und immer mußt du dasitzen und brav sein. Nicht einmal mehr böse Taten kann man anstellen in der

Foto: Schricker

Ewigkeit, damit man wenigstens für eine Zeitlang in die Hölle kommt, damit es nicht mehr so langweilig ist. Und den ganzen Sonntag mußt du dir anhören, was die Erwachsenen zusammenreden, es ist zum Davonlaufen, aber du mußt brav sitzen bleiben und so tun, wie wenn dir der Kuchen schmeckt, obwohl das Mittagessen noch nicht ganz unten ist.

Groß wenn ich einmal bin, ich red keinen so langweiligen Zeug zusammen, denkt man sich, aber es hilft alles nichts. Und wenn die Erwachsenen dann merken, daß es dir langweilig ist, dann sagen sie auch noch: Erzähl halt du auch einmal etwas. Und dann muß man ums Verrecken etwas erfinden, was man werden will. Wenn ich jetzt umfalle und vor Langeweile tot bin, dann geht aber das Geschrei los, denkt man sich, aber es hilft alles nichts.

Unters Dach krageln wir hinauf, haben wir uns geschworen, damit sie uns ja nicht finden, und herunter gehen tun wir erst dann, wenn der Besuch wieder fort ist. Daß mir ja keiner abhaut, hat der Vater gesagt, und darum haben wir nicht auskönnen.

Die einzige Hoffnung war, daß die Tante wieder eine Stalitzen mit Guateln mitbringt, und wir haben gewettet, ob wir die Stalitzen auf einen Sitz zusammenfressen können. Und wenn uns dann schlecht ist, dann brauchen wir auch nicht im Wohnzimmer sitzenbleiben, sondern dürfen aufs Klo zum Speiben. Aber das haben wir uns nur so ausgedacht, damit es leichter zum Aushalten war. Und wir haben es schon im Kopf gehört, wie es wieder heißen wird: Ja griaß eich God, is des a Freud, daß es uns aa wieda amoi bsuachts. Von wegen.

Aber geholfen hat alles nichts. Grüß Gott, haben wir gesagt, und wir haben uns brav angehört, daß wir groß geworden sind. Wenn wir bei jedem Besuch immer größer werden, haben wir uns gedacht, dann werden wir bald nicht mehr in die Haustür hineinpassen. Iatz gehts no grod eina, hat es geheißen, und dann ist es wieder angegangen. Ob sie keinen Hunger haben, hat die Mutter gefragt. Mia hamma doch grod gessn, hat es geheißen, aber wir haben ganz genau gewußt, daß jetzt dann der Aufschnitt aus dem Kühlschrank kommt und die von der Mutter eingelegten Essiggurken, die nur für einen besonderen Anlaß aufgemacht werden durften. Sind wir vielleicht kein besonderer Anlaß, haben wir manchmal zur Mutter gesagt, wenn wir einen Hunger auf ihre Essiggurken gehabt haben, und haben uns zu acht hungrig angeschaut. Da hat sich die Mutter derbarmt und hat ein Glasl Essiggurken aufgemacht, aber das ist ganz selten gewesen. Für die Essiggurken hat die Mutter ein ganz seltenes Rezept gehabt, um das sie beneidet worden ist. Einmal ist ein Preisausschreiben in der Zeitung gestanden, die Hausfrauen sollen ihre Gurkenrezepte und eine Probe an den Gurkenfabrikanten einschicken. Da hat meine Mutter zu dem Fabrikanten geschrieben, wenn er ihrer Tochter eine Lehrstelle gibt, dann kann er ihr Rezept haben. Sogar zum Vorstellen hat er die Schwester eingeladen, aber dann hat er doch lieber das Rezept genommen und bezahlt hat er nichts. Zwei Saukübel voll eingelegte Essiggurken hat die Mutter für ihr Rezept bekommen und keine Mark nicht. Wir Söhne wollten dem Fabrikanten alle vier Autoreifen zerstechen, aber wir haben das Auto nicht gefunden und vor der Polizei haben wir uns auch gefürchtet. Es ist nämlich noch nicht lang hergewesen, da haben wir aus dem Krieg einen Haufen Patronen gefunden gehabt, aus denen haben wir das Pulver herausgelassen und wollten damit eine Lokomotive in die Luft sprengen, was aber die Polizei nicht zugelassen hat.

Der Onkel Alois hat geschnauft wie eine elektrische Windmühle, bis er aus dem Auto herausgekommen ist. Der braucht keinen Aufschnitt nicht, haben wir uns gedacht, der ist ja jetzt schon so dick. Der kommt ja gar nicht mehr aus dem Auto heraus, der braucht keinen Aufschnitt nicht und Essiggurken erst recht nicht. Wennst me frogst, Mal, dann bringst hoid a poor Essiggurken, weil de so guad san, hat der Onkel Alois aus München gesagt. Und wir haben ganz genau gewußt, daß er nicht die Essiggurken, sondern die Aufschnittblattl im Kühlschrank meint. Und dann hat sich der Onkel Alois dick belegte Brote gemacht, daß es uns die Augen herausgebazzelt

Viehmarkt in Straubing 1953 — Foto: Schricker

hat. Zwischen den Broten hat er gesagt, daß er in München ein Aufzugbauer ist und ein Gold auf der Bank hat. Wenn wir so fett wären, haben wir uns gedacht, dann bräuchten wir auch einen Aufzug. Aber weil er uns den ganzen Aufschnitt zusammenfrißt, drum können wir auch zu Fuß die Treppen hinaufgehen, wir brauchen keinen Aufzug nicht. Aber wir sind so dumm, hat er gesagt, daß wir uns ganz und gar nicht vorstellen können, wie hoch die Häuser in München sind. Warum sagt dann unser Vater nicht, daß er auf dem Bau sogar Hochhäuser baut, und zwar für die Fetten und für die Dünnen, die keinen Aufzug zum Leben brauchen, haben wir uns gedacht.

Unsere Tante hat nichts gesagt, das war in Ordnung. Aber der Onkel Alois hat immer von seinem Gold auf der Bank geredet. Und die Mutter hat uns dann die Platte mit den Resten auf den Tisch daneben gestellt. Die Erwachsenen sind vier gewesen, wir aber waren acht. Und genau sieben Wurstblattl lagen noch auf der Platte, wie jetzt teilen? Nicht einmal jeder hätte ein Wurstblattl bekommen, da ist mir die Wut heraufgekommen. Wenn er schon soviel Gold auf der Bank hat, verdammt, warum frißt uns der dicke Onkel Alois dann auch noch die Wurst zusammen. Denn wir sind sowieso nicht nach München eingeladen worden. Da würdet ihr mit dem Auto gar nicht hinfinden, hat der Onkel gesagt, und wir haben ganz genau gewußt, daß es der Geiz ist, der aus seinem Bauch herausredet.

So hat es in meinem Kopf gedacht, und da hat es einfach aus mir herausgesagt: Du kommst doch sowieso nur zu uns, daß du dich vollfressen kannst. Nach diesem Satz ist es ziemlich still geworden im Wohnzimmer. Ich habe schnell gemerkt, daß mich meine Wut nicht besonders gut beraten hat. Der Vater ist aufgestanden und hat mir eine geduscht, daß ich erst unter dem Tisch wieder zur Besinnung gekommen bin. Bloß nicht zahnen, habe ich gedacht, und bin schnell aus der Tür hinaus. Wir haben nie mehr alle am Tisch sitzen müssen, wenn der Onkel gekommen ist. So hat auch der Aufschnitt immer gelangt.

Rentner, 1991 Foto: Mooser

Alexeij Sagerer

Ja, woas machma den iaz?

Sechs Kurzdialoge

Foto: Mooser

Ja, woas machma den iaz?
Woas ned!
Ja, woas soi ma den iaz macha?
Woase ned!
Macha mias mas ae!
Soi mas ned andas macha?
Nacha machmas hoid andas.
Aba wia?
Ja, hoid aso!
Oiso, wia machmas iaz nacha?
Ja, wia mas gsoagd ham.
Moandsd?
Ja, wamas macha miassn.
Dan machmas hoid.

*

Hoasdn gsaegn?
Wann?
Neile.
Na.
Aba du muasdn do gsaegn hoam.
Doa wae do goa ned doa.
Des gibds ja goa ned.
So. Warum?
Wei ea di gsaegn hoad.
Hoad a des gsoagd?
Gsoagd hoad as ned.
Ja, wohea woasdn des nacha?
Weia so do hoad.
Villeichd hoab e ned higschaud.
Aso.

*

Woasd du, woas des bedeid?
Na.
Aba iagnd woas muas doch bedeidn?
Ko scho sein.
Des muas do an Sinn hoam.
Geh, loas ma do mei Ruah.
Das dia des wuaschd sei koa.
Wei des neamds ned woas.
Glabsd?
Ja.
Mia gaed des ned ausm Kopf.
Nacha las hoid drin.
Aba iagnd eban muas do gem?
Na, doa muas da scho saeiba haeifa.

*

Is scho laar?
Na, no ned.
Des dauad fei lang.
Las da hoid Zeid.
Dia bressiads nia.
Wei des ned schee is.
Mia miasn do weida.
Schau, es is goa nimma vui.
Obe des no dawoadn ko.
Glei is gschaegn.
I deaf goa ned hischaugn.
Oamoi is ois laar.
Weas dalebd.
Des hoad no a jaeda dalebd.

*

Iaz koe nimma.
Dan rasd a wenge.
Moansd des gaed?
Freile.
I hoab koa rechde Rua.
Hoide nua schdaad.
Des is fei schwaar.
Weis nix Leichds ned gibd.
Das des neamds ned endad?
I wissad koan.
I a ned.
Sigsd.
Aba wia gaeds iaz weida?
Des wea ma nacha scho saegn.

*

Doa schau hi.
Wea haed se des dengd.
Und des in olla Frua.
Ma ko ses ned aussuacha.
Des nexde Moi bleibe dahoam.
Mia machd des nix aus.
I hoids nima aus.
Ma deaf ned so empfindle sei.
Du redsde leichd.
Des is glei wida vobei.
Schaud aba ned so aus.
Lang was no nia.
Wans nua ned bleibd.
Sowoas bleibd do ned.

Foto:Mooser

Foto: Mooser

Martin Sperr

Jagdszenen aus Niederbayern

Getreidefeld. Montagmorgen. Ein Brotzeitkorb. Barbara sitzt auf einer Getreidegarbe und ißt. Die Metzgerin und Zenta häufen Garben. Der Bürgermeister steht neben Barbara und beaufsichtigt das Ganze. Die Metzgerin und Zenta gehen ab aufs Feld. Kurz darauf Gelächter.

BÜRGERMEISTER: Die lachen, als obs keine Arbeit gäb.
BARBARA *(essend)*: Du, Bürgermeister. Ich habs mir überlegt, ich bleib vielleicht doch da. Wenn ich noch bleiben kann, wo ich gesagt hab, daß ich geh.
BÜRGERMEISTER: Das, also, das wär gut, Barbara, wenn du dableibst.
BARBARA *(verlegen lachend)*: Ich zieh von einem Dorf ins andere.Ich mag nicht mehr. Bei euch kann man leben, wenn ich bleiben kann.
BÜRGERMEISTER: Freilich! Freilich kannst du bleiben. Iß ruhig langsam fertig, bei dir pressierts nicht so. Du hast auch später aufgehört mit der Arbeit. Gute Arbeiter brauchen wir immer. Du kannst bleiben.
BARBARA: Ja, danke.
(Sie ißt weiter. Gelächter der Leute auf dem Feld.)

Foto: Mooser

BÜRGERMEISTER: Was ist denn?
Der Bürgermeister geht ab. Das Gelächter hört auf. Stille. Barbara ist fertig mit der Brotzeit, sie sieht Abram, der mit einem kleinen Koffer in der Hand aufgetreten ist. Beide schweigen.
ABRAM: Mutter! *(Keine Antwort.)* Mutter –
BARBARA: Bist du mit dem Bus gekommen? Du willst dein Zeug holen.– *(Abram schweigt.)* Was ist?
ABRAM: Mutter – ich hab –
BARBARA: Hast du Arbeit? Ob du Arbeit hast, will ich wissen!
ABRAM: Nein.
BARBARA: Nein. Und das sagst du einfach so: Nein. Warum hast du keine Arbeit? Warum denn nicht? Du hast es nicht versucht, wahrscheinlich! Ich hab fest angenommen, daß du eine hast. *(Mühsam beherrscht)* Hör Abram, du mußt weg aus dem Dorf. Die Leut reden über dich.
(Abram schweigt.)
Du willst also dableiben. Es ist immer dasselbe mit dir. Eines Tages bist du weg, und dann zeigen die Leut mit dem Finger auf mich: Die ist die Mutter von dem. Und dann weiß ich, daß du wieder eine von deinen Schweinereien gemacht hast. Und ich hab

die Blicke im Rücken, immer, bis ich in ein anderes Dorf gehe. Und immer findest du mich wieder, und es ist immer dasselbe. Und jetzt ist es wieder soweit.
ABRAM: Nein.
BARBARA: Das hast du immer gesagt! Mein Gott, wenn ich nicht dableiben kann, dann muß ich gehen. Ich will jetzt eine feste Arbeit und wissen, wo ich hingehör. Du bist doch alt genug, daß du für dich selber leben kannst.
ABRAM: Warum hast du mich auf die Welt gebracht, wenn ich dir immer lästig war, wenn –
BARBARA: Hab ich gewußt, was aus dir wird? Hätt mirs sonst schon überlegt! Ich – ich schäm mich zu Tod mit dir –
ABRAM: Glaubst, es gibt einen Garantieschein dafür, wie man wird? Warum erzählst du allen, daß ich im Gefängnis war, die Leut brauchen –
BARBARA: Die Leut! Die Leut! Was gehen mich die Leut an.
ABRAM: Warum verschreist du mich schon wieder im Dorf? Überall muß ich Rede und Antwort stehen. Wohin wir kommen –
BARBARA: Wir! Weil du immer hinter mir herkommst, deshalb: Wir!
(Abram setzt den Koffer ab.)
ABRAM: Ich weiß doch, so wie ich lebe, darf ich nicht leben.
BARBARA: Wenn du das weißt, warum tust dus dann? *(Pause)*
ABRAM: Ich kann doch nicht so weiterleben, wie bisher. Ich, Herrgott, ich bin doch nicht gern so.
BARBARA: Warum bist du dann, wie du bist?!
ABRAM: Das verstehst du nicht, Mutter.
BARBARA: Warum rennst du dann hinter mir her? Warum soll ich dir dauernd helfen, wenn ichs nicht versteh?!
ABRAM *(nach einer Pause)*: Ich hab im Fasching in Kelheim die Tonka kennengelernt. Ich – also, sie liebt mich und ich – ich will mich bemühen. Ich wills mit der Tonka versuchen. Weil: So kanns doch nicht weitergehen. Ich muß –
BARBARA: Wie dein Vater bist du! Du willst es also mit der Tonka versuchen! *(Sie lacht.)*
ABRAM: Mit irgend jemand muß ichs schließlich versuchen, oder?
BARBARA: Und du glaubst, daß ich zuschau, wie du sie in den Dreck zerren wirst. Und wie du sie im Dreck liegen lassen wirst! Wie dein Vater – Geh! Ich muß arbeiten. *(Sie versucht, weiterzuarbeiten.)* Such dir eine anständige Arbeit! Aber du findest keine. Immer nur an dich denkst du. Du denkst immer nur: Ich Ich Ich. Ich werd das jetzt auch tun. Ich muß jetzt auf mich schaun, wenn ichs nicht tu, tuts niemand. Du mußt gehen, Abram, mir zulieb. Denk auch mal an mich. *(Keine Antwort)* Mir ists nämlich wichtig, was die Leute sagen, ich will mit ihnen leben. Zieh nach Landshut und such dir Arbeit und verschwind!
ABRAM *(um seine Unterlegenheit nicht so sehr zu spüren)*: Du hast mir nichts zu befehlen!
(Barbara sieht ihn an, er sieht zurück.)
Ich hab das Recht dazubleiben. Wie du!
BARBARA: Du hast kein Recht. Man hat kein Recht, wenn man gegen die Natur lebt.
ABRAM: Ist das vielleicht natürlich, wen du mich immer wegjagst. Als Mutter –
BARBARA *(wild)*: Erwürgen hätt ich dich sollen!
(Beide schweigen. Zenta tritt auf. Sie sieht Abram bei Barbara und winkt den anderen. Die Leute kommen langsam nach vorne und hören zu.)
ABRAM: Du hast immer verhindert, daß ich mit anderen Kindern spielte. Damit fings schon an. Und als ich älter wurde, wars nicht so, da –
BARBARA: Da hab ich dich nicht tanzen gehen lassen und da hast du dann deine Schweinereien mit den Burschen machen müssen – daran bin ich auch schuld, ich weiß schon. Ich bin überall schuld. Ich – ich habs versucht, jawohl hab ichs versucht, daß du ein anständiger Mensch wirst. So hab ich dich erzogen. Nicht zu einem – zu einem solchen –
ABRAM *(lenkt ab, da Barbara nicht weiterspricht)*: Warum erzählst du zum Beispiel überall, daß ich im Gefängnis war? *(Pause)* Wo – wo soll ich denn bloß hin? *(Pause)* Wohin denn? Wenn nirgends Arbeit ist

und überhaupt. Was hast du davon, wenns die Leut wissen?
BARBARA: Ich hoff, sie schlagen dich solang, bis du freiwillig gehst, ich hoff, sie schlagen dich aus dem Dorf hinaus. Vielleicht schlagen sie dich auch tot. Und ich wünsch mirs, daß sie dich totschlagen. Da im Dorf ists noch nicht wie in der Stadt, wo man das modern findet. Ich weiß bestimmt, daß sie was gegen dich haben, die Leut –
ZENTA: Ja.
(Abram und Barbara fahren herum.)
ABRAM: Aus ists.
BARBARA: Sag doch, daß du mit Männern verkehrst! Sie wissens doch schon alle!
ABRAM: Na und!
MAX: Was? Ist der noch stolz darauf!
BARBARA: Wenn es wahr ist, kannst du es doch ruhig zugeben. Sag es laut und deutlich. Sags, was du bist! Sag, ich bin so einer.
(Abram läuft weg. Die Leut sehen ihm nach. Die Flüchtlingsfrau läuft zum Brotkorb, holt einen Laib Brot und steckt ihn Konrad unters Hemd. Konrad läuft damit weg.)
ZENTA *(in einer Gruppe zu Georg)*: Das sind ja schöne Zustände. Wie soll der Bub auch anders sein, bei der Mutter. Wenn die so mit ihm umgeht.
BARBARA: Wie? Wer hat da was gesagt? Bringt ihn doch um, daß ich keine Mutter mehr sein muß! Ich – ich kann doch nichts dafür.
CHRISTINE: Nein, du kannst nichts dafür, Barbara.
BARBARA: Ich hab nichts mit ihm zu tun, er ist nicht mein Kind. Ich – ich will dableiben!
DIE METZGERIN *(zu Georg)*: Die wird ihn schon so erzogen haben. Von selber wird man nicht so.
BARBARA *(drohend)*: Er ist nicht mein Kind. Ich hab kein Kind.
CHRISTINE: Du kannst nichts dafür, Barbara.
GEORG: Wer schuld ist, daß er so ist, ist auch egal. Jedenfalls steht fest, daß er so ist, das steht fest. Sonst hätt er „Nein" gesagt. Also: er hats zugegeben. Jetzt wissen wir Bescheid.
DIE METZGERIN: Der muß weg!
(Der Bürgermeister tritt vom Feld her auf.)
BÜRGERMEISTER: Weiterarbeiten! Was ist denn! Für was zahl ich euch denn? Fürs Rumstehen? Leut zum Arbeiten krieg ich, soviel ich brauch.
(Sie gehen wieder an die Arbeit.)

*

Hof hinter Tonkas Elternhaus. Tonka wäscht Wäsche mit einem Waschbrett. Abram tritt auf.

TONKA *(sieht Abram)*: Abram!
ABRAM: Ja.
TONKA: Ich hab gar nicht gewußt, daß du schon wieder da bist. – Komm her zu mir.
(Abram geht zu ihr.)
Was ist denn?
ABRAM: Es ist nichts, Tonka – Tonka – ich hab dich lieb.
(Tonka sieht ihn an.)
Wirklich. Ich meins wie ichs sag. Wirklich.
TONKA: Gib mir einen Kuß, Abram.
(Da Abram zögert) Meine Eltern sind auf dem Feld.
(Abram küßt sie.) Gehn wir ans Wasser?
ABRAM *(tut, als ob er nichts versteht)*: Es ist hier auch schön.
(Tonka schweigt.) Oder?
TONKA: Ja.
ABRAM *(nach einer langen Pause)*: Ich muß wieder gehen, Tonka.
TONKA: Bleib doch noch. Ich bin so froh, daß du wieder da bist. *(Sie setzt sich auf die Türschwelle der Haustür.)* Setz dich zu mir.
(Abram setzt sich zu ihr.)
Nimm mich im Arm.
(Abram tut es.)
Abram, ich muß dir was Wichtiges sagen.
ABRAM: Ich mag dich. *(Er läßt sie los.)* Nichts sagen jetzt.
(Beide schweigen.)
TONKA: Abram, magst du Kinder?
(Abram schweigt.)

Abgeerntetes Maisfeld Foto: Schricker

Ich meine nur. Ich mag Kinder.
ABRAM: Tonka, es ist möglich, daß die Leut über mich zu reden anfangen. Du mußt nichts drauf geben.
TONKA: Ich geb auch nichts drauf, was die alle sagen, Abram. Das ist, weil deine Mutter was gegen mich hat. Ich hab mit der Paula darüber geredet. Die meint das auch.
ABRAM: Ja.
(Beide schweigen.)
Ich mag Kinder auch, Tonka.
TONKA: Ich muß dir was sagen, Abram – Los!
(Abram reagiert und küßt sie. Christine und Max treten auf.)
CHRISTINE: So.
(Tonka und Abram fahren auseinander.)
Was hab ich dir gesagt, Max – der verdirbt die Tonka.
ABRAM: Wer verdirbt die Tonka.
CHRISTINE: Mit dir red ich nicht.
MAX: Du kriegst wohl überhaupt nicht genug, du Sau. Dann könntest du wenigstens anständige Mädchen in Ruh lassen.
TONKA: Was ist denn?
CHRISTINE: Ihr zwei paßt zusammen. Da haben sich die richtigen gefunden. – Tonka, ich muß ganz wichtig mit deiner Mutter reden.
TONKA: Die ist nicht da. Die ist auf dem Feld.
MAX: Komm, Christine, suchen wir sie. *(Zu Tonka)* Und dir würd ich raten: Laß dich nicht weiter mit dem da ein. Sonst gehts dir schlecht.
TONKA: Warum denn? Wir gehen miteinander und lieben uns.
ABRAM: Ja.
MAX: Daß ich nicht lach! Das ganze Dorf weiß, was mit dir los ist.
ABRAM: Nichts wißt ihr! Nichts wißt ihr!
CHRISTINE: Es ist bekannt, warum du im Gefängnis warst. Ich red nicht mit dir. *(Zu Tonka)* Und wenn ich dich seh, so mit ihm, weiß ich auch nicht, ob ich dich für ein anständiges Ding halten kann. Die Menschen reden auch schon über dich.
MAX: Es ist bekannt, was das für einer ist, also kannst du nicht anständig sein, wenn du dich mit ihm einläßt.
ABRAM: Tonka, ich geh jetzt.
TONKA: Bleib doch da.
ABRAM: Ich bin müd. Von der Fahrt. Ich geh jetzt heim. *(Abram ab)*
TONKA: Warum, Abram?
MAX: Feig ist er auch noch.
TONKA: Ihr seid gemein. Was ist denn? Sags doch dann, was mit ihm ist.
CHRISTINE: Ich kanns dir nicht sagen. Du tust mir leid. Mit dem.
MAX: Fällt dir nichts auf, was mit ihm ist? – Wenn du ein bissel denken würdest, würd dir auffallen, daß er jetzt weggegangen ist. Obwohl er bei dir war und dich liebt.
TONKA: Was soll sein. Er ist halt müd.
CHRISTINE: Ja, bei dir wird er müd. – Er hat dich im Stich gelassen, weil er feig ist.
TONKA: Er läßt mich nicht im Stich.
CHRISTINE: Hat er dir einen Kuß gegeben, wie er gegangen ist? Eben! Wo ist denn die Liebe. – *(Zu Max)* Man kann nicht mit ihr reden. Die hält zu ihm. Das hab ich schon gesehen. Man darf gar nicht mit ihr reden. – *(Zu Tonka)* Du bist ein Flittchen.

*

Wohnraum in Marias Haus. Nachmittag. Maria. Abram rasiert sich.

MARIA: Und was war sonst noch? Gibts schon ein Fleisch in der Stadt?
(Abram rasiert sich.)
War in der Stadt und hat nichts zu erzählen.
ABRAM *(gibt ihr ein Couvert)*: Daß ichs nicht vergesse. Die Miete.
MARIA *(zählt das Geld)*: Danke. Hast du doch Arbeit gefunden?
ABRAM: Nur drei Tage.
(Volker tritt auf und legt eine leere Einkaufstasche

Zuckerrübenernte Foto: Mooser

auf den Tisch.)
MARIA: Was ist denn?
VOLKER: Dieses Dorf! Wenns bloß abbrennen würd, das Dorf! In der Hölle kanns auch nicht schlimmer sein.
MARIA: Nur weil ich mit dir leb und mit einem Toten verheiratet bin. Er kommt nicht mehr zurück. Der Krieg hat ihn gefressen. Und ich bin froh darüber, ich würd ihm fremd gehen, wenn er käm.
VOLKER *(nach einer Pause)*: Ja. Ich muß jetzt Weiden schneiden. Dann fahr ich nach Landshut einkaufen.
MARIA *(weint und lacht)*: Aber du kannst doch nicht wegen jedem Pfund Salz nach Landshut fahren. Das geht doch nicht. Das Gesuch ist schon so lang weg. Sie werden ihn bestimmt für tot erklären und dann hat alles ein End.
VOLKER: Ich geh jetzt.
(Er geht, Abram mit einer Handbewegung begrüßend, ab. Maria bleibt sitzen. Abram räumt sein Rasierzeug weg.)
MARIA: Abram, komm, dein Essen wird kalt.
ABRAM: Ja. *(Er setzt sich und macht das Kreuzzeichen und beginnt zu essen.)* Gehts dem Rovo besser?
MARIA: Nein. Er ist wie sonst. Nur schlimmer. Er kann jetzt überhaupt nicht mehr schlafen, wacht auf vor lauter Angst, schreit. Dann rennt er im Haus rum, daß kein Mensch mehr schlafen kann. Dann tut ihm der Kopf weh und alles mögliche. *(Sie zündet sich eine Zigarette an.)* Was mich aber viel mehr ärgert: er redet kein Wort mit mir, stumm wie ein Fisch, wenn man ihn fragt. Ich kann hundertmal sagen „als höflicher Mensch antwortet man!" – stumm wie ein Fisch. „Wenn man Kopfweh hat, kann man auch höflich sein" sag ich ihm immer – er verstehts nicht.
ABRAM: Was sagt der Arzt?
MARIA: Ich geb kein Geld mehr aus für den Rovo. Was ich schon Geld ausgegeben hab! Du hast keine Ahnung, wie teuer Dummheit ist. Für das Geld könnt er studieren. Nein, mir kommt kein Doktor mehr ins Haus. Und was hat die Anstalt genützt, letztes Jahr? Und wieviel Geld hab ich dafür bezahlt? Und wofür? Für nichts! Guten Appetit.
ABRAM: Danke.
MARIA: Ich geb keinen Pfennig mehr für ihn aus. Weißt du, ich hab ihn gestern, weil gestern wars besonders schlimm, da hab ich ihn mit Brennesseln abgerieben, das ist ein altes Hausmittel und ist billig. Das hat geholfen.
ABRAM: Du darfst nicht glauben, daß das was nützt. Das nützt nichts.
MARIA: Was soll ich denn sonst machen? Irgendwas muß man mit dem Rovo machen. Vielleicht gibt er jetzt überhaupt Ruh.
(Rovo tritt auf im Schlafanzug.)
Ich denk, du schläfst?
(Rovo antwortet nicht.)
Antwort! Du sollst antworten! Was willst du hier. Siehst du nicht, daß sich hier zwei erwachsene Menschen unterhalten. Geh hinaus! Los! Hol Wasser und stör nicht dauernd.
(Rovo setzt sich an den Tisch und liest in einem Groschenroman.)
Faulenzen, lesen und blöd daherreden! Arbeit was! – Also, was willst du hier?
ROVO: Überall stör ich dich.
MARIA: Ja.
ROVO: Ich kann machen, was ich will, es ist falsch.
MARIA: Was machst du denn? Nimm dich nicht so wichtig. Dein Fressen kriegst du hier. Dafür, daß du nichts arbeitest, ist das viel genug in unserer Zeit. Ein nutzloser Mensch bist du. Arbeit was, damit du einen Wert bekommst.
ROVO: Wenn ich seh, wie du hinter dem Volker her bist, wird mir schlecht.
MARIA *(geht auf ihn zu)*: Los! Hol Wasser!
ROVO *(brüllt)*: Rühr mich nicht an!
MARIA *(schreit ebenfalls)*: Schrei nicht, du –! Ich bin deine Mutter.
ROVO: Davon merk ich nichts!
MARIA: Wenn du dich noch weiter so aufführst, kommst du wirklich in eine Anstalt. *(Beide schweigen. Rovo setzt sich.)*
ROVO: Ja.

MARIA *(schreit)*: Ich kann deinetwegen nicht ins Kloster gehen.
ROVO: Ja.
MARIA *(schreit)*: Ich hab es schwer genug.
ROVO: Ja.
MARIA *(reagiert sich wieder etwas ab)*: Sowas! *(Zu Abram)* Bitte! Was hab ich dir gesagt? Schau doch! Schau ihn dir an! – Ich kann hundertmal sagen: Hol Wasser – er tuts nicht.
(Rovo liest in seinem Heftchen.)
Rovo, hol mir das Wasser, ich brauchs doch. Laß dich doch nicht immer so bitten, Rovo! *(Sie streichelt ihm übers Haar und geht ab.)*
ABRAM: Warum holst du denn das Wasser nicht, Rovo?
(Rovo antwortet nicht.)
Warum kannst du denn nicht schlafen, Rovo? – Sags mir.
ROVO *(legt sein Heftchen weg)*: Sie will wieder heiraten. Sie will Vater für tot erklären lassen und den Volker heiraten. Und der mag mich nicht leiden. Die wollen mich in eine Anstalt stecken. So sind die.
ABRAM: Du mußt in keine Anstalt, Rovo. Du bist doch schon einmal als gesund entlassen. Außerdem ist das teuer und das Geld geben sie nicht aus.
ROVO: Die Leut lachen über mich. Das ist ihr das Geld schon wert, wenn das aufhört.
ABRAM: Das darfst du nicht sagen, Rovo. Deine Mutter mag dich. Bestimmt. Sie versteht nicht alles. Das mußt du auch verstehen.
ROVO: Sie reibt mich mit Brennesseln ab. Ich hab Angst.
ABRAM: Du hast zuviel Angst, Rovo. Soviel Angst ist nicht gut.
ROVO: Alle glauben, ich bin nicht richtig – und lachen – ich merk das schon. – Was soll ich denn machen? Ich kann so schwer mit Leuten reden, die einen immer auslachen. Ich kann nicht mit ihnen reden. – Du bist der einzige, der mit mir redet, wie ein normaler Mensch. Du bist der erste, der nicht sofort lacht, wenn ich was sag. –
(Tonka tritt auf.)
TONKA: Abram, ich muß mit dir reden.
ROVO: Was will die hier?
TONKA: Abram, komm raus, ich muß mit dir reden.
ROVO: Wir brauchen keine Huren bei uns.
TONKA: Hilf mir doch, Abram, – muß ich mir das gefallen lassen von dem!!
ABRAM: Was ist denn, Tonka?
ROVO: Du gehst bestimmt weg und keiner redet mehr mit mir.
ABRAM: Nein, Rovo, ich bleib da.
TONKA: Abram, ich hab mich so gefreut, daß du wieder da bist. Ich muß dir doch was Wichtiges sagen. Ich muß dir das aber allein sagen.
ROVO: Schick sie weg!
TONKA: Halt sofort den Mund!
ROVO: Du bist ja eine Schlampe.
TONKA: Sag das nocheinmal!
ROVO: Hur!
TONKA: Du Narr, du irrsinniger! *(Sie will ihn schlagen.)* Du –
ABRAM *(stellt sich schützend vor Rovo)*: Ihr hört sofort auf!
(Maria tritt auf, sie hat frische Tomaten in ihrer Schürze.)
MARIA: Was ist denn hier los?
ROVO: Sie wollte mich schlagen.
MARIA: Was? Komm, geh freiwillig! Du bist hier unerwünscht!
TONKA *(zu Abram)*: Wenn du mir jetzt nicht hilfst –
MARIA *(schiebt Tonka zur Tür)*: Geh!
TONKA: Abram, hilf mir doch! *(Zu Maria)* Laß mich los! Ich will nicht gehen.
ABRAM: Geh doch!
TONKA: Du bist gemein! Eine Woche, eine ganze Woche hab ich dich nicht gesehen und du bist gleich so gemein! *(Sie heult.)* Dann schau, wie du allein fertig wirst! Ich mag dich nicht mehr.
MARIA: Ja, ja. Ist recht.
(Sie schiebt Tonka zur Tür hinaus und schließt sie hinter ihr. Rovo läuft zum Fenster. Er läuft schnell zum Kohlenkasten, holt ein Holzscheit und wirft es. Tonka schreit auf.)

ROVO: Jetzt rennt sie aber –
MARIA: Du bist ja immer noch da. Hol mir das Wasser, Rovo.
(Auftritt Barbara, Zenta, die Metzgerin und Georg)
METZGERIN: Schau! Da ist er!
MARIA: Was wollt ihr hier?
BARBARA *(zeigt auf Abram)*: Die Leut im Dorf, die, also, die wollen nicht mehr, daß er dableibt. Sie wollen alle, daß du ihm keine Wohnung mehr gibst und wenn er keine Wohnung mehr hat, dann muß er weg.
ZENTA: Ja.
BARBARA: Und zwar soll er weg, weil er schwul ist.
GEORG: Ja, das ist wahr. Er hats zugegeben heut vormittag.
ABRAM *(nach einer langen Pause)*: Sie lügen über mich. Mir gehts wie dir.
MARIA: Ich glaubs euch nicht. Ihr könnt schon wieder gehen.
METZGERIN: Wir haben alle gehört, wie er nichts gesagt hat. Es ist schon so.
MARIA: Raus! Weil ich euch alles glaub. Ich kenn es doch, wie ich im Dorf verschrien bin. Ich kann nicht einmal mehr einkaufen, weil mich jeder für Gott weiß was hält. Raus!
GEORG: Ein reicher Bauernhof braucht einen Knecht, oder?
MARIA: Den versoffenen Knecht vom Bürgermeister will ich nicht in meinem Haus wissen.
GEORG: Und die Bäuerin, die braucht auch einen Knecht, oder?
(Die Metzgerin lacht.)
Und weil der Mann nicht da ist, muß der Knecht ins Bett, oder?
MARIA: Raus!
GEORG: Die Mutter mannstoll, der Bub blöd! Das ist eine Wirtschaft! Das ist eine Wirtschaft.
(Die Leute gehen ab.)
MARIA: Ein Lügengesindel das!
ABRAM: Es ist nicht wahr. Ich bin nicht so.
MARIA *(lachend)*: Das möcht ich auch hoffen. *(verbissen)* Das sind Leut! Mein lieber Schwan! Wie ich das nur immer wieder aushalte! Der Mensch kann wirklich viel vertragen.
ABRAM: Ich muß an die Luft. *(Abram geht ab.)*
MARIA *(bringt Rovo Essen)*: Wie schaust du denn aus? – Hättest doch geschlafen! Dann hättst du deine Ruh. Ich an deiner Stelle würd Tag und Nacht schlafen, damit ich nichts sehen müßt. – Jetzt iß.
(Rovo ißt, Maria schneidet Tomaten.)
ROVO: Was ist schwul?
MARIA: Sei froh, daß dus nicht weißt.
ROVO: Ist denn das was Schlimmes?
MARIA: Nein. Es ist nur nicht schön. Es ist – Kümmer dich nicht drum. Ich wills dir nicht erklären.
ROVO: Sag doch!
MARIA: Schau, das sind die ersten Tomaten heuer.

Hopfenfeld Foto: Schricker

Straubing: Weg nach Eglsee
Foto: Schricker

Hans Klein

Straubing

Hier
kämpfte ich
winziger Laokoon der
Nabelschnüre
am Ufer des Mutterleibes

Hier
brach mir das Leben wohl-
meinend
im Vorbeigehen
das Genick

Hier
geriet ich unter
die unentbehrlichen Habseligkeiten
des Unglücks

Hier
lernte ich schachern
mit läßlichen Sünden
und den Garaus machen
im Namen des Vaters

Hier
muß ich Motivbildchen malen
zum Dank
für die Errettung aus einer Wohltat

Hier
sehe ich die Lüge
wahr werden
die Wahrheit nicht

Hier
kommt alles pünktlich:
der Mai
die Mode
das Salz für die Wunden

Hier
lerne ich träumen
vom Geruch
frisch gespitzter Bleistifte
von Zugvögeln
und Wanderheiligen

Hier
muß ich bleiben
wie der Hunger im
Brot

Hier
werde ich den Tod finden
Aber er ist nichts wert
Nicht einmal gegen
ein Gelächter
wird er einzutauschen sein
Und mir bleiben

Daniel Muggenthaler

Sie is a Mistviech!

Foto: Muggenthaler

Der Wissenschaftler nennt sie, allerdings ohne Essig, Cucumis sativus. Das Kürbisgewächs stammt aus dem nördlichen Vorderindien. Niederbayern aber ist quasi die Kornkammer der deutschen Einlegegurke, so der Terminus technicus für die Essiggurke. Jede zweite deutsche und fast jede bayerische Essiggurke stammt aus dem Gurkenbermuda zwischen Straubing, Dingolfing und Passau. Kein Wunder: Von 2000 Hektar bundesrepublikanischer Anbaufläche liegen 1200 in Niederbayern.

Doch bevor überhaupt eine einzige Gurke geerntet werden kann, muß die richtige Sorte gewählt werden; man unterscheidet, wie der Gartenbaufachberater der Regierung von Niederbayern zu berichten weiß, zwischen zwei Gruppen: zum einen die sogenannten normalbestäubenden Sorten, die von herkömmlichen Insekten bestäubt werden müssen, zum anderen die parthenokarpen Sorten, die sich selbst genug sind und ohne Bestäubung auskommen. Letztere setzen auch Früchte bei ungünstiger Witterung an, bringen deshalb frühzeitigere Erträge und weniger verkrüppelte Früchte. Diese parthenokarpen Essiggurken werden von den Bauern mittlerweile bevorzugt.

Foto: Schricker

Vor der Saat werden die Felder maschinell mit schwarzer Mulchfolie abgedeckt, die dazu dient, die starken Temperaturschwankungen zwischen Tag und Nacht auszugleichen. Dann stanzt eine pneumatische Sämaschine alle 30 Zentimeter ein Loch in die Folie, in das von Hand jeweils drei bis fünf Saatkörner gelegt werden. Die frische Saat wird zusätzlich mit Vliesbahnen abgedeckt. So sehen die Gurkenfelder mitten im Sommer aus wie gigantische Kunstschneefelder. Nach zwei bis drei Wochen werden sie das erstemal sauber gemacht, denn unter dem wärmedämmenden Vlies gedeiht nicht nur das Gürkchen prächtig, sondern das Unkraut ebenso.

„Mit dem Vlies ist des scho so a Sach", klagt ein Gurkerlbauer, wenn es zum Beispiel stark regnet und die Gurkenbrut noch zu klein ist, klebt die Erde fest und „wir müssen dann per Hand die ganze Sach wieder locker machen, eine Fieselarbeit".

Foto: Muggenthaler

Zwischen Juni und September „fliegt“ der zweiflügelige Gurkenflieger weithin sichtbar über die dunkelgrünen Felder. Dieser speziell für die Gurkenernte umgebaute Traktor mit seinen zwanzig Meter breiten Flügeln rollt im Zeitlupentempo über das Feld. Auf seinen Tragflächen machen sich bis zu zehn Erntehelfer über die kleinen grünen Dinger her. „Man hat es schon mal mit zwölf Erntehelfern pro Flügel probiert, aber da ist es mit der Balance schwierig geworden“, erzählt Karl Schwarzmüller, ein Gurkenbauer aus Aiterhofen bei Straubing.

Den Gurkenflieger hat natürlich ein Niederbayer erfunden: Siegfried Kleisinger, Sproß einer Gurkerlbauerfamilie bei Vilshofen, schweißte vor siebzehn Jahren den Prototyp des Gurkenfliegers zusammen; heute lehrt Kleisinger Landtechnik an der Universität Stuttgart-Hohenheim.

Foto: Muggenthaler

Die Gurkenernte ist auch heute noch Handarbeit, nicht gerade eine Schinderei, aber mit Muskelkater in den Armen, der Schulter und dem Hals müssen die Pflücker schon rechnen. Deutsche Arbeitskräfte lassen sich für diese Arbeit nicht mehr finden, ist man sich in der Gurkenszene einig. Die Erntehelfer, die Saisonarbeiter stammen zum größten Teil aus den osteuropäischen Nachbarländern. „Bei uns sind es fast immer dieselben. Die machen zuhause Urlaub und fahren dann hierher“, so Bauer Schwarzmüller; bei den Schwarzmüllers sind es Polen und Slowaken – ein Flügel Slowaken und ein Flügel Polen. Viel Geld ist mit der Gurkenpflückerei nicht zu verdienen, außer für jemanden, der die gute deutsche Mark daheim in Kronen, Zloty oder eine der anderen ostüblichen Währungen und damit in Kaufkraft verwandelt. Da reiht sich der Physikprofessor neben die Ingenieursgattin, Gymnasiallehrer neben Sprachwissenschaftler und gewöhnlichen Lohnempfänger. Die Saisonarbeiter erhalten für maximal 50 Tage eine Arbeits- und Aufenthaltsgenehmigung, das reiche aber aus, um die Ernte einzufahren.

Foto: Muggenthaler

Jeder hat während der Saison seinen angestammten Platz auf der Pritsche, getauscht wird nicht, und der Gurkenbauer erklärt uns auch den Grund für die strenge Ordnung auf dem Ernteflieger: „Für uns ist das auch mit einer besseren Kontrolle verbunden, wer wie groß pflückt. Es gibt Leut, die sind langsamer, pflücken daher größere Gurken. Ein halber Tag kann für die Größe der Gurke ausschlaggebend sein. Größere Gurken zu pflücken ist kein Problem, aber schwierig ist es wieder, auf kleinere runterzukommen. Die Pflanze richtet sich auch nach dem Pflückrhythmus."

Geerntet werde meist im Dreieinhalb-Tage-Rhythmus, wobei das Wetter und natürlich die Größensortierungsvorgaben der Abnehmerfirma eine entscheidende Rolle spielten; „es kommt immer auch auf das Wetter an, die Gurke reagiert auf alles, sie is a Mistviech, und da lernt man nie aus." Wenn der Vertragspartner kleinere Sortierungen wünsche, sei man gezwungen, in kürzeren Abständen zu fahren.

Foto: Muggenthaler

In der Hauptsaison liefert so ein Gurkenbauer aus dem Gäuboden am Tag sechs bis sieben Tonnen an seine Abnahmestelle.

Die Größe der Gurke bestimmt den Preis. Je kleiner die Gurken sind, um so mehr Geld bekommt der Erzeuger dafür. Der Anteil der Größensortierungen 4/7, 6/9 und 9/12 sollten 70 bis 80 Prozent des Ertrages ausmachen, so steht es in einer amtlichen Mitteilung. Gemeint ist mit diesen Zahlenkombinationen das Dicke-Länge-Verhältnis in Zentimetern. Der Absatz der Gürkchen wird für den Erzeuger via Anbauverträge abgesichert. Das wichtigste für die Gurkenbauern sind natürlich die Preise und die werden von Vertretern des Verbands der bayerischen Sauerkonservenindustrie und Vertretern des Landesverbandes bayerischer Feldgemüsebauern ausgehandelt. Auch wenn das Plansoll übererfüllt wird, sprich die vertraglich festgelegte Erntemenge überschritten wird, müssen die Bauern nicht um ihr Geld fürchten. In diesem Fall werden Tageshonorare bezahlt, die je nach Erntejahr über oder unter dem jeweiligen Tagespreis liegen.

Renate Ettl

Die Roßnarrischen

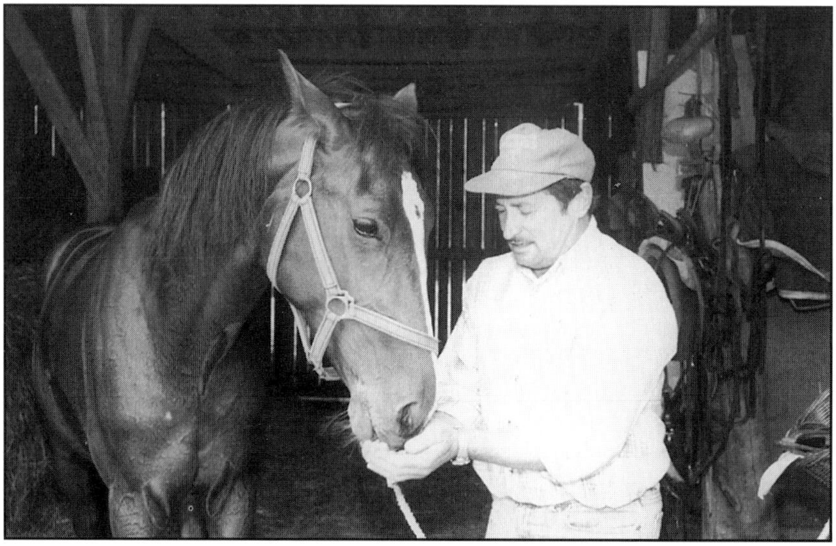

Foto: R. Ettl

Der Nebel hängt noch schwer in den Tälern, doch über den Hügeln blinzelt bereits die Sonne hervor. Dort hinten, wo sich „Fuchs und Hase Gut' Nacht sagen", liegt im Schatten des tiefgrünen Waldes ein altes Bauernhaus. Nichts stört die idyllische Stille, doch bei genauem Hinhören vernimmt man ein taktreines Klingeln. Es kommt vom Tal herauf. Es dauert nicht lange, und ein Schnauben dringt aus dem Nebel hervor, begleitet vom metallischen Klang der Hufschläge. Dampfender Schweiß steigt in die feuchte Morgenluft empor, und die Hufe schaufeln kraftvoll die Kieselsteine aus dem Boden. Der leichtfüßige Traber schwenkt auf den Kiesweg zum Bauernhaus ein, der Sulky schlittert dabei etwas um die Kurve.

Schon kommt Billi, die Mischlingshündin, aufgeregt aus dem Hof gesprungen und hüpft wie ein junges Känguruh bellend um den jungen Traberhengst. Mike steuert den temperamentvollen Fuchs direkt in die offene Scheune und springt vom Sulky. Obwohl das schlanke Pferd noch kräftig Luft „pumpt", macht es sich sogleich über den aufgeschichteten Heuvorrat her und rupft einen dicken Packen aus einem gepreßten Ballen.

Jeden Tag fährt Mike mit seinem jungen Hengst eine gute halbe Stunde die Kieswege auf und ab, damit das Pferd Kondition bekommt. Schließlich muß der Zweijährige bald seinen „Quali" machen und soll zukünftig bei den Trabrennen Siege einfahren. Der „Quali" ist das Qualifikationsrennen für Trabrennpferde, bei dem sie ihre Schnelligkeit unter Beweis stellen müssen. Nur wenn die Zweijährigen die Zeit von 1,25 Minuten auf 1600 Meter unterbieten, werden sie für offizielle Trabrennen zugelassen. Dreijährige müssen sogar noch schneller traben.

Mike ist einer der waschechten, niederbayerischen „Rosserer". Das Wort Pferdeliebhaber wäre weit untertrieben, die Niederbayern haben einen besseren Ausdruck: roßnarrisch. Schon von frühester Kindheit an spielt das Pferd eine ganz besondere Rolle im Leben der niederbayerischen Roßnarren. Auch Mike ist von dem „Roßvirus" befallen, es war sicherlich kein Zufall, daß er als junger Wirt seine Gaststätte in der Nähe der Straubinger Trabrennbahn eröffnete. Nach den Rennen trafen sich die Fahrer und Trainer bei ihm in der Wirtsstube auf ein kühles Bier. Da wurde gefachsimpelt, diskutiert, und Pferde wurden gehandelt. Und wie sollte es anders kommen: Irgendwann schwatzte ein Trainer dem damals 28jährigen ein Pferd auf. Eine häßliche, kleine Stute, der niemand eine große Zukunft voraussagen wollte. Die zweijährige Dopieralla gewann in ihren ersten fünf Rennen tatsächlich keinen Blumentopf, doch ein echter Rosserer gibt so schnell nicht auf. Mike trainierte das Pferd selber und plötzlich fuhr Dopieralla gleich fünf Siege in Folge ein. Das Traberglück währte aber nicht lange. Ein Sehnenschaden stoppte das Pferd auf dem Weg zum Erfolg. Seitdem setzt Mike Dopieralla in der Zucht ein. Schon das erste Fohlen Balbina gewann zu Beginn ihrer Traberkarriere zwei Rennen. Es folgten später noch fünfzehn weitere Siege.

Nicht, daß es einfach wäre, ein Siegerpferd zu züchten. Viel Glück und vor allem eine gehörige Portion Pferdeverstand gehören dazu. „Die meisten Pferde scheitern am Besitzer", sagt Mike, der mit bürgerlichem Namen eigentlich Otto Bergbauer heißt, aber alle sagen sie nur Mike zu ihm. Den Spitznamen hat er seit seiner Jugend, als er noch als Schlagzeuger in einer Band spielte. Aber das ist lange her. Jetzt sind die Pferde sein Leben, und mit Dopieralla hat er der Fachwelt bereits bewiesen, daß er eine besonders gute Hand für Pferde hat. Das beste Pferd in einer falschen Hand wird niemals siegen, denn nur wenn es seinen Besitzer wirklich mag, ist es bereit, für ihn auf der Rennbahn alles zu geben. „Sie müssen Biß haben und siegen wollen", weiß Mike aus Erfahrung. Er kennt viele Pferde, die niemals gut gelaufen sind und plötzlich regelrecht aufblühten, sobald sie verkauft wurden und einen anderen Besitzer hatten. Genausogut kann das beste Pferd nach seinem Verkauf dem Feld nur noch lustlos hinterherlaufen, wenn es sich in seinem neuen Zuhause nicht wohlfühlt.

Dopieralla hat Mike heute immer noch. Sie wiehert lautstark auf der Koppel, als der heute 48jährige Züchter von Trabrennpferden mit seinem Zweijährigen, dem Sohn von Balbina und Enkel seiner Dopieralla, vom täglichen Training nach Hause kommt. „Seit 20 Jahren habe ich sie nun schon", verkündet er nicht ohne Stolz, und meint damit die alte Stute Dopieralla, während er den Hengst vom Geschirr befreit. Auch dieses Jahr ist Dopieralla wieder trächtig geworden. „Sie hat immer gute Fohlen gebracht, dieses wird ihr letztes sein", erzählt Mike. Die Stute ist immerhin schon 22, um die Augen wird sie auch allmählich grau. Niemals würde Mike die Stute hergeben, sie bedeutet ihm zuviel. Sie hat sein Leben geprägt, aber auch ein Stück Zuchtgeschichte geschrieben.

Niederbayern, ganz speziell aber das Rottal, an dessen Randzone sich Mike niedergelassen hat, war schon immer stark von der Pferdezucht geprägt. Das Rottal könnte genausogut „Roßtal" heißen, denn tatsächlich war und ist dieses Gebiet ein „Tal der Pferde". In der Blütezeit der Pferdezucht um 1930 kam im Rottal ein Pferd auf fünf Einwohner. Das Pferd war bei den Bauern Arbeits- und Reittier und deshalb auf jedem Hof zu Hause. Der hohe Pferdebestand ist auch darauf zurückzuführen, daß um 1820 der bayerische Staat die Pferdezucht im Rottal besonders förderte. 60 Jahre lang wurde dabei überwiegend ein mittelschweres Warmblutpferd gezüchtet, das vornehmlich als Kutsch- aber auch als Reitpferd Verwendung fand. Um 1880 ging man dazu über, die Zucht eines schweren Zugpferdes zu forcieren. Dieses Kaltblutpferd wurde dann getrennt vom Rottaler Warmblutpferd weitergezüchtet. Erst um 1955 ging es mit dem Pferdebestand rapide abwärts. In Niederbayern und der Oberpfalz zusammen wurden 1966 nur noch knapp über 12000 Pferde registriert. Zu dieser Zeit kam auf 80 Einwohner nur noch ein Pferd; die maschinelle Bearbeitung der Felder machte den edlen Vierbeiner in der Landwirtschaft nahezu überflüssig.

Doch auszurotten ist das Pferd bei so roßnarrischen Einwohnern kaum. Auch wenn das Roß heutzutage als Arbeitstier ausgedient hat, als Sport- und Freizeitkamerad erlebt es einen erneuten Aufschwung. Schon 1895 wurde die Trabrennbahn in Pfarrkirchen gebaut – die erste Trabrennbahn in Süddeutschland. „So sieht sie auch aus", meinen böse Zungen, aber für die echten Traberfans ist sie ein Relikt der Erinnerung und Tradition. Die Pfarrkirchner Trabrennbahn strahlt einen besonderen Flair aus. „Hier ist es noch richtig gemütlich" sagen die eingefleischten Rennliebhaber. Die alten, hölzernen Stallungen versetzen den Besucher in die „gute, alte Zeit" zurück. Der Duft von Heu und Pferdeschweiß läßt Erinnerungen aufleben und überzieht alles hektische Treiben mit einem Hauch von Romantik. Pferdehalfter hängen über rostigen Nägeln an der Stalltür, und ausgediente Trainingssulkys lehnen mit der Gabel gen Himmel an der Wand.

Vor genau 100 Jahren haben die ersten Rennen mit reingezogenen Trabern in Pfarrkirchen stattgefunden. Der bayerische Staat kaufte 1899 drei amerikanische Traberhengste, die in Pfarrkirchen als Beschäler aufgestellt wurden. Es waren die Hengste King Vasco, Dr. Sphings und Que Allen. Sie übten einen großen Einfluß auf die bayerische Traberzucht aus. Seither wird jedes Jahr zu Pfingsten auf der Pfarrkirchner

Täglich auf Konditionstrab durchs Rottal
Foto: R. Ettl

Trabrennbahn das große „Bayerische Zuchtrennen“ abgehalten, bei dem die besten dreijährigen Traber gegeneinander antreten. Der Traum eines jeden Züchters ist es, bei diesem Rennen einmal ein Pferd zu starten. Auch Mike träumt davon. Vielleicht schafft es sein Fuchs im nächsten Jahr. Mike räumt Balbinas Premium gute Chancen ein, die erforderliche Zeit zu laufen, um im Zuchtrennen zu starten.

Doch an Pfingsten finden außer dem hochdotierten Zuchtrennen auch noch andere Rennen statt. Diesmal hat Mike die dreijährige Solina am Start. „Ein Renntag in Pfarrkirchen ist immer etwas besonderes“, meint er. Auch er kann sich der eigentümlichen Atmosphäre der Pfarrkirchner Trabrennbahn nicht entziehen. Die Zuschauerränge sind bis auf den letzten Platz gefüllt. Von überall kommen sie her, aus München, Regensburg und Passau – und natürlich aus dem ganzen Rottal. Die Einheimischen lassen sich die Renntage an Pfingsten nicht entgehen. Alle sind sie da, auch der pfeiferauchende, kritische Pferdekenner mit obligatorischer Schirmmütze und Spazierstock, der die Rennpferde bei der Aufwärmrunde besonders genau unter die Lupe nimmt. Seinen scharfen Augen entgeht nichts. Daß die Nummer 7 heute nicht ihren Tag hat, die Nummer 2 keine taktklaren Gänge zustande bringt und der helle Fuchs vor Nervosität im Rennen sicherlich anspringen wird, notiert er sich auf einem kleinen weißen Zettel. Er kennt die Favoriten und kann deren Siegchancen ziemlich gut einschätzen. Zielsicher füllt er den Tippschein aus und schweigt sich über dessen Inhalt beharrlich aus.

Die kleinen Kinder sind ebensolche Pferdenarren und haben ihre eigenen Favoriten. Den Fuchs mit der schiefen Blesse und den vier weißgestiefelten Beinen oder den kohlrabenschwarzen Hengst haben sie

Trabrennen
in Pfarrkirchen
Foto: R. Ettl

besonders in ihr Herz geschlossen. Mit den Fingern haben sie sich im Maschendrahtzaun festgekrallt und drücken ihre Nasen dicht gegen die Absperrung, um möglichst nah am Geschehen zu sein. Dabei glänzen ihre Augen vor Begeisterung.

Kurz vor dem Rennen macht sich Nervosität breit. Sie scheint von den Zuschauerrängen zu den Stallungen überzuschwappen. Mike läuft aufgeregt auf und ab: Sein Fahrer hat sich noch nicht blicken lassen. „Immer dasselbe mit dem Kerl", schimpft er, „jedesmal kommt er in der letzten Sekunde". Solina ist bereits vor den Sulky gespannt und wartet ungeduldig, bis es endlich losgehen kann. Mike atmet auf, als sich der Trainer vom Nachbarstall bereiterklärt, Solina fürs Rennen warmzufahren. Nur noch einige Minuten bis zum Start. Solina kommt schweißgebadet von der Bahn zurück. Wo bleibt bloß der Fahrer?

Endlich kommt er angekeucht, murmelt eine Entschuldigung und springt in den Sulky. Kaum daß der schmächtige Mann in gelb-lilanem Dreß Platz genommen hat, zieht die Stute an und geht in einen lockeren Trab über. Mike sieht ihnen noch kurz nach und macht sich dann in Richtung Wettbüro davon. Auch er hütet seinen Tipp wie ein großes Geheimnis.

Autostart – Solina hat die Innenbahn – hoffentlich springt sie nicht in den Galopp, denn Autos machen sie nervös. Diesmal scheint es gutzugehen. Sie biegt als erste in die Kurve ein. Sie bleibt vorne. Das Feld folgt dichtgedrängt. Jetzt kommen sie auf die zweite Kurve zu. Wie Motorkolben stampfen die Hufe auf den Sandboden. Die Pferde keuchen. Nach einem kurzen Rauschen ist das Feld vorübergezogen. Immer noch dichtgedrängt. Plötzlich fällt Solina zurück – ein Raunen geht durch die Zuschauerränge. Die Hälfte des Rennens ist vorüber. Welchen Platz kann sie halten? Die Stute läßt fast alle Pferde passieren. Mikes Gesicht wird fahl.

Doch plötzlich zieht Solina nochmals an. Sie überholt: Ein Pferd, zwei, drei. Sie ist an vierter Stelle. Das Feld geht in die Zielgerade. Erst jetzt zieht es sich weiter auseinander. Solina kämpft. Die letzten Meter. Die ersten beiden Plätze sind bereits vergeben. Um den dritten Rang wird es spannend. Solina holt auf – und zieht an der braunen Artgenossin vorbei. Dritter! Mike atmet auf, als Solina durchs Ziel geht. Mit dem Ergebnis kann er zufrieden sein. Was er wohl gewettet hat – und wieviel? Doch sein Gesicht bleibt eisern, es verrät nichts.

Das Trinkgeld für den Fahrer wird heute etwas höher ausfallen, auch wenn er beinahe zu spät gekommen wäre. Das zählt jetzt nicht mehr. Er hat während des Rennens gute Arbeit geleistet. Auch Solina bekommt abends eine extra Portion Möhren.

Trabrennen in Pfarrkirchen, das bedeutet Volksfeststimmung. Weder Straubing noch München-Daglfing können der Trabrennbahn in Pfarrkirchen das Wasser reichen. Darin sind sich die Experten einig. Das hat nicht nur mit dem äußeren Eindruck dieser von urigen Stallungen umgebenen Rennbahn zu tun, sondern vor allem mit der Roßnarretei der Rottaler. Gemischt mit einer würzigen Bauernschläue, die nur den Niederbayern in dieser Form eigen ist, haben die hiesigen Trabrennbahnen nicht nur spannende Rennen erlebt, sondern auch diverse Kuriositäten.

Die hartgesottenen Niederbayern mögen sich hie und da schon einmal über die Entscheidung der Rennleitung hinwegsetzen, vor allem, wenn sie gerade gut im Rennen liegen. Daß ein Rennen wegen eines Fehlstarts abgebrochen wurde, wollten fünf der ursprünglich zehn gestarteten Trabrennfahrer nicht akzeptieren. Sie fuhren das Rennen einfach weiter. Wohl der Einfachheit halber ließ man das Rennen schließlich doch gelten, was natürlich heftige Proteste bei den anderen Fahrern und Wettern auslöste und in einem gerichtlichen Nachspiel endete.

Einen dichten Herbstnebel nutzte ein besonders gewitzter Fahrer aus, der unbemerkt von der Konkurrenz, den Zuschauern und der Rennleitung einfach eine Abkürzung durch den Innenraum der Rennbahn nahm und auf diese Weise als erster das Ziel erreichte. Das Rennen wurde dennoch gewertet, obwohl man dem Betrüger später auf die Schliche kam.

Pferdeschau in Karpfham Foto: Mooser

Jeder Traberzüchter und -trainer hat seine eigenen Tricks, um aus seinen Pferden das Optimale herauszuholen. Doch bewegen sie sich normalerweise im Rahmen des Erlaubten. Über Fütterung, Haltung und Trainingsmethode hat jeder seine eigene Anschauung. Auch Mike hat einige Tricks auf Lager, die er sich durch jahrelange Erfahrung erworben hat. Aber er bleibt auf dem Boden der Tatsachen: „Jeder Traberzüchter hofft auf das große Los und träumt davon, einen Kracher zu züchten. Doch nur die wenigsten haben das Glück, daß ihnen dies gelingt." Zwar sieht es Mike den Fohlen schon an, welchen „Lauf" sie haben und ob aus ihnen mal ein schnelles Pferd werden wird, doch man kann dennoch nie im voraus wissen, wie sich die Pferde entwickeln.

„In erster Linie ist mir wichtig, daß das Züchten Spaß macht", erzählt Mike, der zur Zeit acht Pferde im Stall stehen hat, „und nicht, daß ich jetzt unbedingt einen Champion züchten muß". Der junge Fuchshengst stampft mit dem Huf auf, als hätte er die letzten Worte verstanden. Als Belohnung für die getane Morgenarbeit füttert ihn Mike liebevoll mit einer Handvoll Leckerlis. Er wirft dem Hengst eine Decke über die Nierenpartie und reibt ihn mit Stroh trocken. Balbinas Premium genießt die Prozedur. Vor Wonne schiebt er die Oberlippe vor und verdreht seinen Kopf, daß man das Weiße in seinen funkelnden Augen sehen kann. Die kleinen, spitzen Ohren lauschen aufmerksam den Worten seines Besitzers.

Mike überprüft sorgfältig die Hufeisen und tastet die schlanken Beine seines Pferdes ab, damit ihm keine noch so kleine Verletzung entgeht. Alle vier Füße des Junghengstes sind weiß gestiefelt, doch die Natur hat sich mit dieser Farbgebung noch nicht zufrieden gegeben. Markstückgroße, dunkle Punkte zieren den Kronrand und das Fesselgelenk. „Wenn das kein besonderes Pferd ist ...", murmelt Mike vielsagend. Schließlich löst er den Anbindestrick und führt den Hengst über den Hof auf die Weide. Eine kleine schwarz-weiße Katze huscht eilig vorüber. Mike streift dem Hengst das Halfter ab und läßt ihn frei. Balbinas Premium macht auf der Hinterhand kehrt und galoppiert davon. Er sprintet das Tal hinab und taucht in den dichten Nebel ein.

Foto: Pöhnl

Florian Sendtner

„Diese Gestalt bewegte sich viel freier“

Die Bauernrevolutionäre Ludwig und Carl Gandorfer aus Pfaffenberg

Der Zollhof, seit 1871 im Besitz der Familie Gandorfer Foto: Sendtner

Am 2. September 1905 verurteilt das Königlich Bayerische Landgericht Straubing den 25jährigen Bauern und Gutsbesitzer Ludwig Gandorfer aus Pfaffenberg wegen erschwerten Hausfriedensbruchs zu zwei Monaten Gefängnis. Der Tatbestand: Der junge Mann war am 13. April 1905 im Büro des Königlichen Bezirksamtmannes von Mallersdorf vorstellig geworden, um den Verfassungseid zu leisten (weil er sonst, obwohl männlich und vermögend, nicht wahlberechtigt gewesen wäre) und um sich eine Jagdkarte ausstellen zu lassen. Ludwig Gandorfer war seit kurzem Besitzer eines Gutshofs in Illbach mit Jagdrecht, das er indes ohne Jagdkarte nicht nutzen konnte. Dem ersten Ansinnen war entsprochen worden, dem zweiten dagegen nicht, und zwar unter Hinweis auf die stattliche Anzahl von 15 Vorstrafen, die sich im Lauf seiner stürmischen Jugend angesammelt hatten. Der junge Bauer will sich das nicht gefallen lassen, Bezirksamtmann Karl Pracher verweist ihn des Hauses, er leistet dieser Aufforderung nicht gleich Folge und handelt sich damit eine Anzeige wegen Hausfriedensbruchs ein.

Viel weiß man nicht über diesen Ludwig Gandorfer, doch eines steht fest: Er streckt nicht nur seine

Beine zu weit von sich, wie der Bezirksamtmann in der Akte vermerkt, dieses bayerische Königreich ist ihm überhaupt in jeder Beziehung zu eng. Es fängt damit an, daß er im Alter von 15 Jahren wegen „unbefugten Tanzmusikbesuchs“ vom Amtsgericht Mallersdorf zu zwei Tagen Haft verurteilt wird. Ein gutes Dutzend weitere, teils erhebliche, mehrmonatige Strafen folgen im Lauf der nächsten Jahre, wegen Ruhestörung, Unfugs, groben Unfugs, verbotenen Waffentragens, Körperverletzung, gefährlicher Körperverletzung. Anfang des neuen Jahrhunderts, wahrscheinlich 1904, hat er mit seinem Land abgeschlossen, er wandert aus, nach Deutsch-Ostafrika (Tansania), betreibt dort eine Plantage, kehrt jedoch nach etlichen Monaten wieder zurück, wegen des Klimas angeblich. Nach seiner Rückkehr kauft ihm sein Vater einen Einzelhof in Illbach, Gemeinde Wallkofen, mit 92 Hektar. Und nun legt sich Ludwig Gandorfer schon wieder mit der königlich-bayerischen Obrigkeit an.

Indes ist auch sein älterer Bruder Carl bereits mehrfach mit dem Bezirksamtmann zusammengerückt. 1904 will Pracher Carl Gandorfer vom Amt des Gemeindebevollmächtigten von Pfaffenberg suspendieren lassen, nachdem er ihn wegen falscher Beschuldigung eines Amtstechnikers angezeigt hat. Doch der Bezirksamtmann wird zurückgepfiffen.

So verschieden sie auch sonst sein mögen, gemeinsam haben Carl und Ludwig Gandorfer auf jeden Fall, daß sie junge niederbayerische Bauern sind, die einen Stolz im Leib haben, der den Vertretern der königlich-bayerischen Behörden entschieden zu weit geht. Die beiden Brüder stammen aus dem Zollhof, dem größten Hof des Marktfleckens Pfaffenberg an der Kleinen Laber. Am höchsten Punkt des Orts gelegen, direkt neben der Kirche, thront der Zollhof über dem Labertal. Ludwig Gandorfer, der den Hof 1907 übernimmt, läßt ihn schloßähnlich ausbauen, mit Walmdach, Erkern und Jugendstilfenstern.

Carl Gandorfer erbt von seinem Vater eine Ziegelei und läßt ein Kraftwerk bauen, das Pfaffenberg bereits 1902 die Elektrizität bringt. Außerdem ist er nicht nur Gemeindebevollmächtigter, sondern auch Obmann des örtlichen Christlichen Bauernvereins.

Nach dem neuerlichen Zusammenstoß Ludwig Gandorfers mit dem Bezirksamtmann und seiner Verurteilung wegen Hausfriedensbruchs holen die zwei Brüder nun zum Gegenschlag aus: Sie veranstalten mit Hilfe der Münchner Sozialdemokraten eine Protestversammlung in Pfaffenberg. Große Plakate kündigen die „Grosse öffentliche Volks-Versammlung“ an, Tagesordnung: „Die Paschawirtschaft im Bezirk Mallersdorf“. Als Referent wird ein „Redakteur M. Gruber aus München“ angekündigt. Das Wort sozialdemokratisch wird wohlweislich vermieden. Doch der Bezirksamtmann, der sich richtigerweise angesprochen fühlt, sieht nur noch rot. Er beauftragt sämtliche Ortspolizei-Stationen, das Plakat zu konfiszieren. Grund: Aufreizung zum Klassenhaß. Auf diese Weise sind etliche Exemplare des unerhörten, großformatigen Plakats erhalten geblieben, samt Polizeibericht mit detaillierten Angaben zu Zahl und Ort der Plakatierung.

Die Veranstalter machen einen taktischen Rückzieher. Sie drucken das Plakat noch einmal, diesmal mit einer durchaus unverdächtigen Tagesordnung: „Die Interessen des Bezirks Mallersdorf“. Gegen dieses Plakat kann Pracher nicht mehr einschreiten. Er versucht es zwar noch mit etlichen anderen Mitteln – so bringt er den Wirt des vorgesehenen Lokals dazu, seinen Saal doch nicht für die Veranstaltung herzugeben, und als sich ein anderer Wirt findet, will er dessen Saal für baufällig erklären lassen – doch er sitzt längst in der Falle, und alle seine Abwehrmaßnahmen arbeiten nur seinen Gegnern in die Arme.

Jedenfalls ist die „Grosse öffentliche Volks-Versammlung“ am 8. Oktober 1905 hoffnungslos überfüllt, und der 30jährige Erhard Auer, Einberufer und Leiter der Veranstaltung, kann sich die Hände reiben: mehrere hundert Bauern in einer sozialdemokratischen Versammlung! Es ist eine der frühen Stationen auf dem Weg Erhard Auers an die Spitze der bayerischen SPD (1918-33). Genüßlich und überlegen lassen er und der Hauptredner Martin Gruber,

Ludwig Gandorfer, 1880 – 1918
Foto: Familie Gandorfer

beide von der sozialdemokratischen „Münchener Post", den liberalen Bezirksamtmann samt seinen herrischen Allüren über die Klinge springen, und die Zuhörer sind begeistert. So stellt es zumindest die „Münchener Post" dar, die hier natürlich nicht unbedingt ein Ausbund an Objektivität ist. Doch sie gibt große Teile der Rede Grubers wörtlich wieder. Nachdem sich der Redner gegen den Vorwurf verwahrt hat, die SPD wolle gegen die Beamten hetzen, fährt er fort: „Wir verlangen aber auch von ihnen, daß sie ihre Pflichten nach jeder Richtung hin erfüllen, daß sie insbesondere in dem Bauern, dem Gewerbetreibenden und dem Arbeiter nicht ihren Untergebenen erblicken, sondern in ihm den Staatsbürger respektieren. Die Zeiten des Feudalismus sind vorbei, wenn auch gerade hier in Niederbayern gewisse Ueberreste, wie die Bodenzinse, noch daran erinnern, daß die Bauern ehedem Hörige waren."

Die Stimmung im Saal des Rohrmeier-Wirts steigt, die Sozialdemokraten machen sich ironisch-süffisant über die „Pascha"-Manieren Prachers her, und die niederbayerischen Bauern applaudieren lauthals. Erhard Auer kann die Veranstaltung nicht beenden, ohne noch einmal auf dieses Phänomen zu sprechen

Carl Gandorfer, 1875 – 1932, Aufnahme ca. 1919
Foto: Familie Gandorfer

zu kommen: „Sie haben heute [...] leibhaftige Sozialdemokraten gesehen, die Sie sich vielleicht wie wilde Tiere vorgestellt haben. Sie werden gefunden haben, daß wir ganz harmlose Leute sind, die nur grimmig werden, wenn sie sehen, daß das Gesetz so gedreht wird, wie man es gerade braucht, oder daß es gar mit Füßen getreten wird."[1]

Ludwig Gandorfer kandidiert 1907 bei den Reichstags- und Landtagswahlen für die Sozialdemokraten, doch so weit geht die Begeisterung der Landbevölkerung für die SPD dann doch nicht; er landet weit abgeschlagen auf den hinteren Rängen. Sein Bruder Carl wechselt vom Christlichen Bauernverein, der dem katholischen Zentrum zuzurechnen ist, zum antiklerikalen, rebellischen Bayerischen Bauernbund. Und er hat Erfolg. Am 14. Dezember 1911 wird er zum Bürgermeister von Pfaffenberg gewählt. Und am 1. Juni 1913 gelingt ihm bei der Landtagsersatzwahl im Wahlkreis Landau-Mallersdorf-Dingolfing ein knapper Sieg gegen den Zentrumskandidaten, einen Geistlichen. Vor allem im Weltkrieg, den er bei einem Landsturm-Fuß-Artillerie-Regiment u.a. in Belgien mitmacht, profiliert Carl Gandorfer sich im Landtag als unnachgiebiger Fürsprecher der Bauern und der Soldaten. Er kassiert einen Ordnungsruf nach dem andern bei seinen Angriffen auf die königliche Obrigkeit, die voll und ganz hinter der deutschen Kriegspolitik steht.

Bis zum Herbst 1918 lassen sich die Kriegsgegner und Republikaner noch zur Ordnung rufen, dann werfen sie diese Ordnung über den Haufen. Carl und Ludwig Gandorfer kommen u.a. mit dem künftigen revolutionären Ministerpräsidenten Kurt Eisner in Kontakt: „Eisner nahm deshalb noch im Oktober die Verbindung mit radikalen Bauern auf, vor allem mit dem blinden Bauern Ludwig Gandorfer und dessen Bruder, dem Landtagsabgeordneten Karl Gandorfer, der Eisner durch eine scharfe Oppositionsrede im Landtag aufgefallen war. Beide Brüder hatten Bauernhöfe in Pfaffenberg in Niederbayern. Der blinde Gandorfer war ein weitgereister Mann mit stärkstem Interesse für das politische Leben, und war seit längerer Zeit Sozialist. Unabhängig von Eisner war in ihm der Gedanke einer großen Volksbewegung gereift."[2]

Ludwig Gandorfer ist seit 1912 blind; über die Ursache gibt es verschiedene Aussagen. Auf jeden Fall scheint er bereits 1905 durch ein Unglück ein Auge verloren zu haben, das zweite 1912. Sein Interesse an der Politik leidet darunter nicht im geringsten.

Am 23. Oktober 1918 meldet sich Carl Gandorfer zu Wort. Im Landauer Volksblatt, das sein Freund Konrad Kübler seit 1912 als Organ des Bauernbunds herausgibt, verkündet er „Das Gebot der Stunde", in dem er die Bauern auffordert, „alles und alle" zu beseitigen, „was schuld am Kriege und seiner Fortsetzung war [...] Bauern, Bauernbündler! Eure Stunde ist gekommen!"

Die Stunde kommt am 7. November 1918. Aus einer großen sozialdemokratischen Friedenskundgebung auf der Münchner Theresienwiese heraus ruft Kurt Eisner zum Sturm auf die Kasernen auf. Die königstreuen Mehrheitssozialdemokraten unter ihrem neuen Vorsitzenden Erhard Auer erkennen erst im nachhinein, daß sie die Massen verloren haben. Der Augenzeuge Oskar Maria Graf beschreibt die Situation wie folgt: „Und mit einem Schlage gerieten die johlenden Massen ins Vorwärtsdrängen. Wie eine kribbelige, schwarze Welle wälzten sich die tausend und aber tausend Menschen hangaufwärts auf die Straße; weiter ging es im Schnellschritt, an geschlossenen Häusern und herabgezogenen Rolläden vorbei, den Kasernen zu. Wir marschierten, eingekeilt von einer dahinstürmenden Menge, fast ganz an der Spitze, kaum fünf Schritt weit entfernt von Eisner, den ich unablässig betrachtete. Er war blaß und schaute todernst drein; nichts redete er. Fast sah es aus, als hätte ihn das jähe Ereignis selber überfallen. Ab und zu starrte er gerade vor sich hin, halb ängstlich und halb verstört. Arm in Arm mit dem breitschulterigen, wuchtig ausschreitenden blinden Bauernführer Gandorfer ging er. Diese Gestalt bewegte sich viel freier, derb auftretend, fest, und so eben wie ein bayrischer Bauer dahingeht. Um die beiden herum war der Stoßtrupp der Getreuesten. Der Marsch hatte begonnen und war unaufhaltsam. Keine Gegenwehr kam. Alle Schutzleute waren wie verschwunden."[3]

Am Abend proklamiert Eisner im Landtag in der Prannerstraße, wo noch am Nachmittag die Königlich-bayerische Abgeordnetenkammer debattiert hatte, den Freistaat Bayern, die bayerische Republik.

Am 8. November 1918 steht auf der Titelseite der Münchner Neuesten Nachrichten (der Vorgängerin der Süddeutschen Zeitung) ein Aufruf „An die ländliche Bevölkerung Bayerns!", der „als erste und größte Aufgabe" der neuen Regierung „den heißersehnten Frieden" nennt und als weiteres Ziel propagiert, es allen zu ermöglichen, „ein menschenmögliches Dasein zu führen", unterzeichnet von Kurt Eisner und Ludwig Gandorfer.

Zwei Tage später ist Ludwig Gandorfer tot. Ein Autounfall, der bis heute nicht ganz geklärt ist, auf jeden Fall „ein Unfall, der gelegen kam" (R.W. Dill). Zusammen mit sechs weiteren Personen ist Ludwig Gandorfer in einer beschlagnahmten Luxus-Karosse von München auf dem Weg aufs Land, wahrscheinlich um die Bauern für die Revolution zu gewinnen. In einer Kurve bei Schleißheim kommt der Wagen von der Straße ab und überschlägt sich – Ludwig Gandorfer ist tot, sein Gutsverwalter schwer verletzt, die anderen fünf Personen bleiben unverletzt, verschwinden teils von der Bühne, genauso wie das Fahrzeug, dessen vormaliger Besitzer kein geringerer als ein Hohenzollern-Prinz ist: Joachim Albrecht von Preußen. Letzterer verlangt vom revolutionären Bayern später die Rückgabe des Autos, Gandorfers Witwe und der verletzte Gutsverwalter beantragen eine Entschädigung. Die Akten sind erhalten, wurden vor ein paar Jahren entdeckt und ausgewertet.[4] Am 13. November wird Ludwig Gandorfer auf dem Pfaffenberger Friedhof, der unmittelbar an den Zollhof angrenzt, unter den Klängen der Marseillaise beerdigt.

Bei einer Revolutionsfeier am 17. November 1918 im Münchner Nationaltheater betont Kurt Eisner in seiner Rede Ludwig Gandorfers Rolle beim Umsturz: „Verehrte Anwesende! Es ziemt sich für mich, heute [...] des Mannes zu gedenken, der durch einen unsinnigen Zufall ein Opfer der Revolution geworden ist. Durch die Zeiten wird einst wie eine Legendengestalt die Person des blinden Bauern aus Niederbayern schreiten, in dessen Kopfe dieses Werk seherisch vorbereitet wurde. Wir, denen es vergönnt war, in diesen Tagen mitzuhelfen, haben bisher kein Wort in die Öffentlichkeit getragen, wie sich diese gewaltige Umwälzung vorbereitet, wie sie sich vollendet. Aber des einen Mannes wollen wir gedenken, des Bauern, des blinden Bauern aus Niederbayern, Ludwig Gandorfer, mit dem ich Arm in Arm an jenem wilden Nachmittag und Abend durch die Straßen Münchens gestürmt bin, an jenem Tage, der die neue Freiheit schuf. Sein Herz war voll der Ahnungen einer neuen Zeit.“[5]

Carl Gandorfer übernimmt von seinem toten Bruder nicht nur den Zollhof, sondern auch den Vorsitz des Bauernrats – und wird damit, ebenso wie Kurt Eisner, zur Zielscheibe einer breiten reaktionären Front, die von Rechtsextremisten, Ultraklerikalen, Bürgerlich-Konservativen bis zu vielen Sozialdemokraten reicht (obwohl letztere ja von Eisner in die Regierung eingebunden sind). Eisner wird v.a. als Jude niedergemacht, Gandorfer als sein nützlicher Idiot hingestellt.

Der Jude Eisner, gerade zwei Monate an der Macht, hat für den 12. Januar 1919 Landtagswahlen angesetzt, die er haushoch verliert. Am 21. Februar, auf dem Weg zur Landtagseröffnung, die Rücktrittsrede in der Tasche, wird Kurt Eisner von einem jungen adeligen Rechtsradikalen erschossen. Der Landtag platzt während seiner Eröffnung, ein „Zentralrat“ übernimmt die Macht.

Carl Gandorfer, der nicht nur bei den Wahlen zum Landtag einen Sitz erhalten hatte, sondern auch bei denen zur Weimarer Nationalversammlung, unternimmt Mitte März zusammen mit dem Kaufmann Max Emanuel sowie einem Bauern- und einem Soldatenrat eine Reise in die Schweiz, um im Auftrag des Staatskommissars für Ernährungswesen, Johann Wutzlhofer, Lebensmittel einzukaufen. Nach wie vor herrscht nämlich Hunger in Deutschland, es fehlt an allen Ecken und Enden. Emanuel verfügt über sehr gute Verbindungen zu Schweizer Kaufleuten, und so rollen schon nach wenigen Tagen waggonweise Güter in Richtung bayerische Grenze.

Mittlerweile hat sich der Landtag doch noch zusammengefunden. Am 17./18. März 1919 wählt er den Mehrheitssozialdemokraten Johannes Hoffmann, der unter Eisner Kultusminister gewesen war, zum Ministerpräsidenten. Doch am 7. April 1919 wird in München die Räterepublik ausgerufen, wobei mehrere Mitglieder der Regierung Hoffmann mit von der Partie sind, und auch Carl Gandorfer ist dabei. Sein Name steht neben dem Gustav Landauers, Erich Mühsams und anderen unter einem Flugblatt, das den Landtag, „das unfruchtbare Gebilde des überwundenen bürgerlich-kapitalistischen Zeitalters“, für aufgelöst erklärt und behauptet, die Regierung Hoffmann sei zurückgetreten.

Auch Konrad Kübler macht bei der Räterepublik mit, er wird Volksbeauftragter für Justiz, eine Stellung, die dem Justizminister gleichkommt – für ein paar Tage. Der Landtag mit seiner übergroßen Mehrheit aus BVP und SPD und die Regierung Hoffmann fliehen nach Bamberg und setzen von dort aus alle Hebel in Bewegung, um die Räteregierung zu stürzen. Das gelingt ihnen schon nach wenigen Tagen, doch jetzt schlagen die Kommunisten zu, die die erste Räterepublik als „Scheinräterepublik" abgelehnt hatten, und reißen die Macht an sich.

Ostern 1919. In München herrscht die kommunistische (zweite) Räterepublik (von der sich Gandorfer und Kübler distanzieren). Doch das Ende der „Sowjetrepublik Bayern" ist bereits abzusehen. Reichswehrtruppen sind im Anmarsch, überall werden Freicorps gebildet, um die Revolution endgültig niederzuschlagen. Besonders auf dem Land kursieren Greuelmärchen von der Münchner „Spartakistenherrschaft". Das Landauer Volksblatt verkündet auf der Titelseite eine Osterbotschaft, die an den Hessischen Landboten erinnert und expressionistisches Pathos und sozialrevolutionäres Christentum vereint:

„Auferstehung. ‚Neue Zeit!' Wie Gift ist ihnen dieses Wort in die Glieder gefahren, den Besitzenden, den Beherrschern des arbeitenden Volkes, den Tyrannen des Menschentums. [...] O Ihr Unglücklichen, Ihr habt es nie gekannt, was es heißt: Mensch sein! [...] Habt Ihr nicht gesehen und gefühlt, daß Ihr Euere Brüder unterdrücktet, da Ihr aus ihrer Arbeit Kapital schluget und zu Bergen häuftet? [...] Habt Ihr nicht gepraßt, während andere mit Weib und Kind hungerten? [...] Heute steht Ihr da, wie ein Baumeister, der sein Haus auf Sand gebaut. Helft dem Sturm, der kam und kommen mußte, daß er es ganz niederreiße, von diesem Grunde. Ein anderes Gebäude soll erstehen auf festerem Grund, einfach und schlicht, an seinem Giebel die Worte tragend: Geburtsstätte des Menschentums."

Am 30. April 1919 werden Carl Gandorfer und Konrad Kübler, die der Landeshauptstadt seit zwei Wochen den Rücken gekehrt hatten, verhaftet. So etwas wie ein Staatsanwalt oder ein Richter ist in diesen Tagen für eine Verhaftung nicht erforderlich. Das Garnisonskommando Straubing nimmt einfach fest, wen es für hinreichend verdächtig hält. Im Fall Carl Gandorfer wird als Begründung die zufällig von einem Garnisonsrat in der Plattlinger Bahnhofswirtschaft aufgefischte Behauptung eines Gastes hergenommen, Gandorfer sei ein „Seiden- und Brillantenschieber". Der Gast, ein Münchner Theateragent namens Carl Schels, verspricht, Zeugen für seine Verdächtigung benennen zu können, und das genügt auch schon. Daß Carl Gandorfer als Abgeordneter des Bayerischen Landtags und der Weimarer Nationalversammlung Immunität genießt, interessiert niemanden.

Anfang Mai wird München von der roten Herrschaft „befreit". Hunderte von Arbeitern werden erschossen, alles, was irgendwie „revolutionsverdächtig" ist, wird niedergemetzelt. Im Eifer des Gefechts erschießen Regierungstruppen 21 katholische Gesellen im Kolpinghaus, die irgendwer als Kommunisten denunziert hatte.

Am 3. Juli 1919 beschließt der Bayerische Landtag, daß sein Mitglied Carl Gandorfer doch bitte aus der Haft zu entlassen sei, genehmigt jedoch seine Strafverfolgung wegen Hochverrats. Es liegt noch ein weiterer Antrag zur Genehmigung der Strafverfolgung Gandorfers vor, und zwar seitens der Staatsanwaltschaft Kempten wegen unerlaubter Wareneinfuhr aus der Schweiz. Die Lebensmitteleinkäufe des Kaufmanns Max Emanuel in der Schweiz im Auftrag des Bayerischen Zentralrats, die Gandorfer im März 1919 begleitet bzw. beaufsichtigt hatte, waren nämlich Ende April von der Bamberger Regierung als inoffiziell und illegal erkannt und gestoppt worden. Und nun gedenkt man, Emanuel und Gandorfer daraus einen Strick zu drehen. Der Strick der Illegalität ist schnell zur Hand: Da gibt es eine Verordnung über die Einfuhr von Waren vom 16. Januar 1917, die mit Rücksicht auf den Krieg jeglichen Import von der Genehmigung eines Reichskommissars für Aus- und Einfuhrbewilligung in Berlin abhängig macht. Um diese Genehmigung hatte sich Gandorfer bewußt nicht geschert, in der Angst, die kostbaren Lebensmittel würden sonst irgendwo nördlich der Mainlinie verschwinden. Indes beschließt der Landtag einstimmig, die Immunität des Abgeordneten Gandorfer in dieser Sache nicht aufzuheben. Am 31. Juli 1919 verhandelt die Weimarer Nationalversammlung in gleicher Sache und beschließt genau das Gegenteil: die Genehmigung zur Strafverfolgung wegen Hochverrats zu verweigern und die wegen unerlaubter Wareneinfuhr zu erteilen. Damit ist Carl Gandorfer fortan zwar ein freier Mann, geschützt vor dem Zugriff des Staatsanwalts, doch bald unternimmt er selbst Vorstöße bei den Parlamenten in München und Weimar, um die Aufhebung seiner Immunität zu erreichen. Denn die gerichtliche Klärung der Vorwürfe fürchtet er weniger als deren permanente Aufwärmung durch die gegnerische Presse.

Nach jahrelangen Ermittlungen, nicht nur der Kemptener Staatsanwaltschaft, sondern auch und vor allem der rechten Presse, findet immerhin die Sache wegen unerlaubter Wareneinfuhr, die in den Zeitungen unter dem Titel „Gandorfers Schweizerreise" firmiert, ihre gerichtliche Würdigung. Ende Juni 1922 verurteilt das Landgericht Kempten Carl Gandorfer zu einer Geldstrafe von 1 170 104,15 Mark. Die Summe ist angesichts der grassierenden Inflation nicht ganz so astronomisch, wie sie klingt. Bei näherem Hinsehen handelt es sich fast um einen Freispruch. In der Hauptsache, nämlich der Anklage gegen Max Emanuel wegen Betrugs, ergeht auch ein offizieller Freispruch. Und auch bezüglich der Verurteilung wegen verbotener Wareneinfuhr lassen die Richter in ihrer Urteilsbegründung durchblicken, daß sie den beiden Angeklagten, bei aller Skepsis, noch mehr Glauben schenken als ihren Anklägern und Belastungszeugen.

Wohl die letzte gerichtliche Auseinandersetzung Carl Gandorfers, ein von ihm angestrengter Beleidi-

Carl Gandorfer
vor dem Zollhof
Foto: Gandorfer

gungsprozeß gegen einen Nazi, endet am 16. Januar 1931 zu seinen Gunsten. Wieder geht es um Gandorfers Beteiligung an der Revolution. Der Anwalt des beklagten Nazis ist, wie Gandorfer, Reichstagsmitglied. Und so landet die Sache auch noch im Reichstag. Die Nazis lassen keine Gelegenheit aus, ihre Gegner anzupöbeln. Mitten in einer Debatte über Hochwasserschäden hält ein NSDAP-Abgeordneter eine rote Armbinde hoch und erklärt, sie sei Carl Gandorfer bei seiner Verhaftung im April 1919 abgenommen worden. Die Nazis im Reichstag johlen. Gandorfer reagiert souverän: „Ich weiß, daß die Nationalsozialisten arm im Geiste sind. (Heiterkeit.) Deswegen verzeihe ich es ihnen."

Konrad Kübler schreibt in seinem Landauer Volksblatt unerschrocken bis zum bitteren Ende gegen die Nazis an. Noch am 5. März 1933 steht auf der Titelseite die Schlagzeile: „Warum der Bauer nicht nationalsozialistisch wählen kann." Im Lauf des März 1933 indes wird auch das Landauer Volksblatt gleichgeschaltet – mit Gewalt; diese Beute fällt den Nazis nicht in den Schoß. Immerhin überlebt Kübler das Nazi-Reich. Nach 1945 geht er zur CSU, wird Landrat von Landau und Vizepräsident des Bayerischen Landtags. Er stirbt 1974 im Alter von 90 Jahren.

Sein Freund und Kampfgefährte Carl Gandorfer dagegen stirbt, 57 Jahre alt, bereits 1932. So unzertrennlich Staat und Kirche in Bayern immer scheinen, zwischendurch brechen doch oft gewisse Differenzen auf. Der Pfaffenberger Pfarrer an Gandorfers Grab: „Als Abgeordneter, früher im Landtag und zuletzt im Reichstag, verdient des Verstorbenen geradezu beispiellose Hilfsbereitwilligkeit gegenüber allen, die sich an ihn gewendet haben, unbedingtes Lob und höchste Anerkennung, [...] wie überhaupt Menschenfreundlichkeit und Wohltun ein hervorstechender Zug an diesem Manne gewesen ist. [...] Am vergangenen Samstag mittags 12 Uhr hat das Sterbeglöcklein, das Herr Gandorfer in hochherziger Weise vor zehn Jahren aus eigenen Mitteln gestiftet hat, seines Stifters Tod in wimmernden und schmerzlichen Tönen über's Laabertal hinausgetragen."[6]

Dagegen kommentiert das Regierungspräsidium von Niederbayern und der Oberpfalz in seinem zweiwöchentlichen untertänigsten Rapport an die Staatsregierung in München Gandorfers Tod mit weniger warmen Worten: „Mit ihm ist ein Mann aus dem Leben geschieden, der im steten Gegensatz zu allen Behörden stand und diesen Schwierigkeiten bereitete, wo es nur immer ging. Eine Bemerkung über seine politische Tätigkeit erübrigt sich."[7]

„Was wäre passiert, wenn..." Historische Spekulationen sind immer fragwürdig. Daß Carl Gandorfer unter den ersten im KZ Dachau gewesen wäre, wenn er nur ein Jahr länger gelebt hätte, ist indes kaum eine Spekulation. Zumindest gibt es klare Indizien dafür: Seinem politischen Weggefährten Konrad Kübler erging es genau so – und es ist kaum anzunehmen, daß die Nazis ausgerechnet mit Carl Gandorfer, dem gewichtigeren, prominenteren der beiden, anders verfahren wären. Obwohl keiner der Gandorfer-Brüder also mehr lebt, als der Staatsterror der Nazis beginnt, bleibt der Zollhof nicht verschont. Doch die Familie hat schon alle in Frage kommenden Papiere aus dem Nachlaß von Ludwig und Carl Gandorfer verbrannt, als das Nazi-Überfallkommando anrückt.

1) Die Paschawirtschaft im Bezirk Mallersdorf. Münchener Post, Nr.231, 12.10.1905, S.2.

2) Felix Fechenbach: Der Revolutionär Kurt Eisner. Aus persönlichen Erlebnissen, Berlin 1929, S.33

3) Oskar Maria Graf, Wir sind Gefangene. [München 1927] Ost-Berlin 1961, S.355f.

4) HStA MF 67410; Richard W. Dill: Ein Unfall, der gelegen kam. In: Friedrich Weckerlein (Hrsg.), Freistaat! Die Anfänge des demokratischen Bayern 1918/19, München 1994, S. 146-56

5) Zit. nach: Gerhard Schmolze: Revolution und Räterepublik in München 1918/19 in Augenzeugenberichten, Düsseldorf 1969, S.152

6) Trauer-Rede von Pfarrer Schriefer, als Faltblatt im Familienbesitz erhalten

7) Halbmonatsbericht vom 5.9.1932, HStA MA 102 144

Hans Dieter Schwarze

Die Hexe von Ahnkofen

Foto: Schricker

Kundige Trinker finden noch heute,
in der Regel zu später Stunde,
im alten Grimmhof zu Ahnkofen
ein Gewölbe,
aus dessen maronenroten Backsteinen es
von Zeit zu Zeit
– blutet!

Warum blutet es da?
fragen die Kinder dann,
meistens nach zwölf, wenn sie,
noch erfüllt von den Todesschüssen des Gute-Nacht-Western,
zum angetrunkenen Vater
ins Gewölbe
hinuntersteigen.

Das geht Euch nichts an!
Ab ins Bett!
Übt beizeiten für den Todesschlaf!!
werden die Kinder
gut und sittlich im Ton
angeherrscht
– und sie verschwinden.

Wieder mit seinen Augen im Glasgrund allein,
denkt der Nachtvater dann
an eine mündlich überlieferte Geschichte
aus dem alten Niederbayern,
als es noch Römerland war.

Damals wurde hier,
hinter der maronenroten Wand
des ahnkofener Gewölbes,
das seinerzeit
noch einen Schimmer von Karmesin gehabt haben soll
– die Keltenhexe Agu-Inxa
eingemauert.

Sie war sehr schön,
mit legendären roten Haaren begabt,
sang einen unverwechselbaren Kontraalt
und liebte
– Räucherstäbchen.
Ja,
sie soll wirklich Räucherstäbchen
mehr
als Männer geliebt haben.

Diese
erregten sich daraufhin und
– erschlugen die Frau.

Das geschah oberhalb vom Pferdeholz,
an der maronenpilzigen Hügelstraße,
und beteiligt waren:
keltische Altbauern,
zugewanderte Jungbajuwaren,
aber auch Nordafrikaner,

Italer, Mohren und was sich halt
auf internationalen Verkehrswegen herumtreibt:
alles MÄNNER,
so verschieden an Herkunft
und so einig im wütenden Haß
gegen das Weib Agu-Inxa,
welches schamlos schien
und ein spirriges Räucherstäbchen
einem prall dastehenden, wohlgerundeten Maßkulinum
vorzuziehen sich erdreistete.

Im Sterben aber,
so erzählt man zwischen Isarauen und Vilstal,
soll die Hexe geflüstert haben,
Worte – Halbsätze – Drohungen:
... eines Tages,
ihr Mördermänner von Niederbayern,
eines Tages
werden im Isartal Räderwagen gebaut,
sie rollen auf Römerstraßen,
mediterrane Menschen
greifen zu Metallgeräten,
eines Tages, hier,
und dann moderige Kellermörder
ERSTEH ICH WIEDER
kehr ich in dieses
für Euch viel zu schöne
Land zurück – !

Tja,
denkt der Nachtvater neben der blutenden Mauer oft:
ist es wohl HEUTE NACHT so weit,
daß Agu-Inxa wiederkommt?

Seit ein Motorenwerk kantig und hell
wie ein Wüstenfort
in den Isarauen liegt,
eine vorgeschobene Burg, fensterlos,
auch an den kühnen Tamerlan gemahnend,
– jagen manchmal merkwürdig riechende Stürme
von Westen her über die Ebene
und heulen: Ohú – Ohú!

Kernkraftwerk Niederaichbach/Ohu Foto: Mooser

Gleichzeitig
bewegen fleißige Nachtschichtler kollegial
ihre Roboter;
dunkle Pigmente, helle Pigmente
glühen vor Eifer.

In solchen Stunden, sagen fahrende Landberater,
wälzen sich schlafende Männer
nicht nur im Kreis Dingolfing-Landau
in frischbezogenen Betten.
Die meisten wissen nicht warum.

Nur wirklich aus der Tiefe
heimatbewußte Sagenkundige
erheben sich aus den Kissen,
treten an die Phonstopp-Doppelfenster,
ziehen die Stores
um ein Geringes zur Seite und hoffen.

In der Tat, sie hoffen
die wieder erstandene Hexe Agu-Inxa
über den Unteren
oder Oberen
Markt wandeln zu sehen ...

Und worauf stützen diese Kundigen
ihre rasende Vermutung?
Auf einen zugereisten Spökenkieker,
Nobs Quaterdüvel aus dem westlichen Westfalen,
er hat erst kürzlich behauptet,
ihm sei besagte weibliche Person
nackt
an der Mariensäule vorbeigeritten.

Seitdem
umkreisen einige mannhafte Männer,
die sich auf Befragen der Landpolizei
als krankhafte Schlafwandler ausgeben,
die Kirche
– ist doch auch sie
aus maronenrotem Backstein gefügt!

Noch aber blutet und blutet sie nicht!

Sie schweigt
verheißungsvoll unter dem Mond.

Jedoch
wer die Zeitungen aufschlägt,
wird von Gewißheit erfüllt,
daß viele Wörter bereits querstehen,
die Zahlen sich in Kuhquadrate zurückgezogen haben,
und alles deutet daraufhin:
in diesen Tagen, heute,
ist die Zeit der Erfüllung
für Weissagungen aus alten schönen Legenden gekommen!

Bitte!
warten wir noch ein Weilchen ab
und halten wir uns an erste erkennbare Tatsachen:
im alten Grimmhof zu Ahnkofen
blutet es aus maronenroten Backsteinwänden
und manchem Zeitgenossen,
wohl nicht nur in Niederbayern,
blutet zur Stunde
bereits das Herz!

Birgit Fürst

Gefangene der Öfen

150 Jahre niederbayerische Ziegeleigeschichte

Foto: Muggenthaler

„Nach dem Feierabend waren die vier Knaben, die den gut gesumpften Lehm durch die Sieblücken getreten und die Fußsohlen von den verbliebenen Steinen wund bekommen hatten, so fertig, daß die Reihe mit dem Weinen an ihnen war. ... Der Säugling plärrte, weil vor Mühen und Überanstrengung die Milch in Milenas Brüsten wenig geworden war" – so drastisch beschrieb Josef Martin Bauer 1960 in seinem Roman „Der Abhang – Roman einer Familie" einen kleinen Teil des Alltags der Ziegler vor etwa 150 Jahren. Italiener aus dem Friaul waren es damals vor allem, die für hiesige Bauern die harte Arbeit des Ziegelschlagens erledigten.

Natürlich ist die Geschichte der Ziegel in Niederbayern viel älter. Die Römer brachten das Wissen, wie mit Hilfe des Feuers aus Lehmbatzen haltbare Steine werden, ins Land an der Donau. Sie hatten dieses Wissen von den Etruskern übernommen. Schon im 4. Jahrtausend vor Christus bauten die Kreter in Knossos Häuser aus gebrannten Ziegeln. In der Bibel ist im 2. Buch Mose nachzulesen, daß die Ziegelarbeit eine Schinderei war: „Und die Ägypter zwangen die Kinder Israels zum Dienst mit Unbarmherzigkeit und machten ihnen das Leben sauer mit schwerer Arbeit in Ton und Ziegeln." Aber zurück nach Niederbayern: Im Ziegel- und Kalkmuseum

Flintsbach in der Gemeinde Winzer bei Hengersberg ist einer der am besten erhaltenen römischen Ziegelöfen, den Archäologen bisher nördlich der Alpen ausgegraben haben, zu sehen. Als die Römer das heutige Niederbayern verließen, geriet das Wissen um die Kunst der Ziegelherstellung in Vergessenheit. Holz war *der* Baustoff für Häuser und Ställe, billig, und in Hülle und Fülle vorhanden. Wie im Katalog einer Sonderausstellung des Freilichtmuseums Massing über die Kunst der Ziegler zu lesen ist, beginnt die Kirche im Zuge der Christianisierung, Spezialisten südlich der Alpen zu holen, die Kirchenbauten aus Ziegel errichten. Erst im hohen Mittelalter erlebt der Ziegelbau einen ersten Boom: Kirchen und Klöster baut man aus gebranntem Ton, dann leistet sich auch der Adel Ziegel für repräsentative Bauten. Und mit dem forcierten Städtebau zwischen dem 12. und dem 15. Jahrhundert errichtet neben den Fürsten und der Geistlichkeit auch das Bürgertum Ziegelbauten.

Für den neuen Typ der Hallenkirche ist der Backstein das beste Baumaterial. Hans Stethaimer, mit seiner Landshuter Schule bald über Niederbayern hinaus bekannt, baut Ende des 14. Jahrhunderts den mit über 130 Metern höchsten Backsteinturm der Welt für die Landshuter Kirche St. Martin. In alten Kirchenbüchern findet sich der Nachweis, daß die Bauern ihre Abgaben teilweise in Ziegeln leisten mußten, die sie selber auf den Bauernhöfen schlugen und brannten. Außer für Kirchen sind Ziegel bald der beliebteste Baustoff für Stadtbefestigungen, Tore und Wehranlagen.

Das durchschnittliche Bauernhaus, Stall und Scheune sind aber weiterhin aus Holz. Erst vor gut 150 Jahren wurde der Ziegelbau so richtig populär. Einer der Gründe dürfte der Druck des Staates gewesen sein. So schreibt 1791 die kurfürstliche Landesregierung vor, daß Wohnhäuser nicht mehr ausschließlich aus Holz gebaut werden dürfen und alle Gebäude mit Dachziegeln einzudecken sind. Aber viele Bauern konnten es sich nicht leisten, von den Schindeln, die sie selber herstellten, auf die teuren Dachziegel umzusteigen. Also erhöhte der Staat die Brandversicherungsprämien, so daß es sich schon fast rentierte, mit Ziegeln zu decken. 1808 gab es in Niederbayern noch 70 Prozent Holzschindeldächer, 18 Prozent Strohdächer und nur 12 Prozent Ziegeldächer. 1867 waren es schon 34 Prozent Ziegeldächer.

Ein anderer Grund dafür, daß nicht nur Dächer, sondern auch die Mauern der Bauernhäuser immer öfter aus Ziegeln waren, dürfte die veränderte Mode gewesen sein. Es war für Bauern schick, sich an den städtischen Vorbildern und an den Industriebauten zu orientieren. In der Gemeinde Tann im südlichen Landkreis Rottal-Inn haben sich einige der vor etwa 150 Jahren entstandenen Höfe aus Blankziegeln erhalten. Als der Getreidepreis die Bauern in dieser Region reich machte, war es kein Problem für sie, in 15 Jahren den Hof mit seinen vier Flügeln neu bauen zu lassen. Der Tremmelhof bei Tann beispielsweise erinnert von weitem an eine Burg oder ein Industriedenkmal, wie er da auf einer Anhöhe steht, vier leuchtend rote Ziegelgebäude. Ein besonderes Schmuckstück ist der Stadel, dessen Blendfenster nur Lüftungslöcher enthalten und der reich verziert ist mit Sonderziegeln.

Nur an wenigen Orten in Niederbayern sind die Lehmvorkommen so qualitätvoll, daß sich die reichen Bauern Höfe aus Blankziegeln mauern ließen, wie in Tann oder Kröning bei Landshut. Die Blankziegel müssen schließlich Wind und Frost, Sonne und Regen trotzen. Fast überall liegen die alten Ziegel unter Putz. Ein Glücksfall, wenn sie offen daliegen und die Spuren derer preisgeben, die sie geschlagen haben – die Abdrücke von Fingern, aber auch von Kinderhänden.

Es sind vor allem die Spuren von Italienern, die vor 150 Jahren in Niederbayern für die Kunst des Ziegelschlagens zuständig waren. Sie marschierten im Frühjahr im Friaul los mit einem Handwagerl, auf dem sie ihre Formen und sonstigen Arbeitsmaterialien transportierten, so wie heute noch ein Maurer seinen Hammer und seine Wasserwaage selber dabei hat. Vor allem die Männer zogen in die Fremde, um im Sommer das Geld fürs ganze Jahr zu verdie-

Der Tremmelhof bei Tann im Rottal Foto: Archiv Freilichtmuseum Finsterau/Lang

nen. Es gab aber auch ganze Zieglerfamilien, deren Arbeit und Leben Josef Martin Bauer in seinem Roman „Der Abhang“ beschreibt:

„Giacomo führte den kleinen Dandolo an der Hand, ihm erklärend, daß er in diesem Sommer wegtragen dürfe. Was war das schon für eine Neuigkeit, wo Dandolo doch schon vor einem halben Jahr daheim erzählt hatte, er sei Wegträger bei der Partie von Giacomo. Irgendwann hatte er es tatsächlich schon versuchen dürfen, bis ihm die Knie und die Waden starr geworden waren bis zum Schreien vor Schmerz, nur weil er die Arbeit versucht hatte. ... Man hatte Unmengen von Ziegeln zu schlagen und zu brennen, viel mehr als menschlich mit menschlichen Kräften zu schaffen war, aber da es nur so, mit einer ungeheuren Eile der Arbeit gelang, die Ernte an deutschen Goldstücken einzubringen, die einen Winter lang vor dem Hungern beschützte, erschien es den erfahrenen Ziegelmachern notwendig, gleich am ersten Abend hinauszugehen und zu untersuchen, ob sich etwas Wesentliches geändert hatte, seit man weggefahren war.“

Sowohl die Bauern, die nur für den Eigenbedarf Ziegel schlagen ließen, wie bei den Vierseithöfen in Tann, als auch Bauern, die ihre Ziegel verkauften und damit schon so etwas wie kleine Ziegeleien betrieben, engagierten Italiener. Nach Schwarzach, ins Tonwerk Max Venus, kamen die Italiener bis in die 30er Jahre unseres Jahrhunderts, wie sich Seniorchef Max Venus noch erinnert. Sein Vater schloß einen Vertrag mit dem italienischen Akkordanten Remigius Spitzer, der dann in Italien seine Leute anwarb und manchmal auch einen kleinen Vorschuß bezahlte für die Familien zu Hause. Im Vertrag war genau festgelegt, wieviele Ziegel zu welchem Preis der Zieglertrupp zu fertigen hatte. Der Ziegeleibesitzer mußte sich um nichts mehr kümmern. Am besten, er machte die Augen zu vor dem Elend seiner Ziegler. Noch einmal Josef Martin Bauer: „Die Knaben durften es sagen, daß es in allen Fasern ihrer jungen Körper schmerzte, und wenn es mit den Schmerzen der Müdigkeit unerträglich wurde, durften sie den Frauen etwas vorweinen, nicht den Schlägern, die auf das Tun der Knaben angewiesen waren und durch die Tränen nur ihren Zeitplan verdorben bekamen. ... Nicht sagen durften es die Männer. Von ihnen durfte füglich erwartet werden, daß sie ertrugen, was eine gehastete Arbeit den Armen und Beinen zumutete. Aber es sollte doch einer einmal, der lachenden Gesichtes zusah, auch nur zwei Stunden so zu werken versuchen, den Klumpen Lehm zu packen, in den Model zu werfen, den Model mit den beiden Leisten etlichemale auf den Tisch aufschlagen zu lassen und den Drahtbügel so schnell und so gut in die Hände zu bekommen, daß dieses Nehmen, der Schnitt durch den Lehm an der Oberkante des Models und das Weglegen des Drahtbügels zu einer einzigen Bewegung wurde.“ Das Schimpfwort „Sandler“ stammt übrigens aus dem Zieglermilieu: Der Sandler war der Letzte in der Hierarchie, derjenige, der mit feinem Quarzsand die Formen einsandete, bevor der Schläger den Lehmbatzen in die Form warf.

Die Arbeit in den Ziegeleien war ungesund. Inspektoren der königlichen Bezirksämter berichten von rheumatischen Erkrankungen, Erkältungsanfälligkeit, Magen- und Darmstörungen, Erkrankungen von Leber und Milz, Ohrenkatarrhen, Staubinhalationskrankheiten und Entzündungen von Beinen und Füßen. Als Gründe dafür sehen sie die anhaltende Überarbeitung, den häufigen, abnormen Temperaturwechsel bei der Arbeit am Ofen und die ungeregelte, ungesunde und oft ungenügende Ernährung. Bei Kindern ist die Entwicklung des Rumpfes häufig gestört durch die schweren Tragelasten. Zwar sind in der Reichsgewerbeordnung von 1878 Bestimmungen zum Arbeitsschutz von Frauen und Kindern enthalten, doch die werden leicht umgangen. Die Arbeitszeit für Kinder unter 14 Jahren ist beispielsweise auf sechs Stunden begrenzt, bis 16 Jahre auf 10 Stunden. Wie im Katalog der Massinger Sonderausstellung zu lesen ist, fügen sich die Betroffenen lieber dem hohen Leistungsdruck, als den Verlust des Arbeitsplatzes zu riskieren. Da heißt es: „Wenn kontrolliert wird, so berichtet ein resignierter Beamter,

Alter, ziegelgemauerter Stadel in Damreiher bei Tann Foto: Archiv Freilichtmuseum Finsterau/Lang

braucht sich der Jugendliche nur neben der Arbeitsbank auf den Boden zu setzen, um Jedermann ad oculos zu demonstrieren, daß er seine Ruhepause in echt italienischer Weise feiert."

Ludwig Girnghuber, Ziegeleibesitzer in Marklkofen, kennt solche Geschichten vom Hörensagen. Da mußten, erzählt er, Buben Ausschau halten, ob nicht ein Kontrolleur kommt. Gegessen hätten die Italiener Polenta und Kas, Kas und Polenta. Den Mais für die Polenta und die Käselaibe brachten die Italiener aus ihrer Heimat mit. Sie lebten entweder in Räumen und Baracken nahe ihrer Arbeitsstätten oder da, wo es schon Ringöfen gab, in Holzverschlägen auf der immer warmen Schürebene der Öfen. Die Ruhezeiten waren kurz und nicht immer erholsam, wie im Massinger Ausstellungskatalog geschildert wird: „Oft wird der ohnehin kurze Schlaf jäh unterbrochen. Wenn ein Gewitter aufzieht, stürmt der Capo brüllend durch die Schlafkammern. Ungeschütztes Material muß in Sicherheit gebracht oder wenigstens abgedeckt werden. Alles stürzt auf und rennt durcheinander; Petroleumlampen werden eilig entzündet, aber genausoschnell vom prasselnden Regen wieder ausgelöscht. Die Männer schreien und fluchen. Gelingt es nicht, ist die Arbeit des ganzen vorigen Tages umsonst gewesen. Wenn sie sich dann erschöpft und durchnäßt wieder auf ihr Lager werfen, haben sie gerade noch eine, vielleicht auch zwei Stunden Zeit zum Ausruhen, bevor schon die nächste Arbeitsschicht beginnt." Anfangs arbeiteten die italienischen Zieglertrupps an Feldbrandöfen, das heißt, in einer Grube wurden die luftgetrockneten Ziegel so kunstvoll geschichtet, daß Luftgänge und Feuerungsschächte alle Steine erreichen konnten. Der Feldbrandofen wurde mit Reisig und Lehm abgedeckt und auf mindestens 850 Grad aufgeheizt.

Etwa 1850 begann das Zeitalter der Technisierung im Ziegeleigewerbe. Bis dahin hatte man im Herbst den Lehm gestochen und ausfrieren lassen, damit Frost und Auftauen den Zusammenhalt der Tonpartikel lockerten und die Masse leichter formbar wurde. Im nächsten Jahr wurde der Lehm durcheinander gehackt, mit den Füßen getreten, von Hand geschlagen und im Feldbrandofen gebrannt. 1850 erfand Friedrich Hoffmann den Ringofen, ungefähr gleichzeitig entwickelte Carl Schlickeysen die Ziegelpresse. Zum Mischen von Lehm und Ton nutzte man den Göppelantrieb. Plötzlich konnten Ziegel in Massen gefertigt werden. Für den Ringofen brauchte man Kohle und die konnte man nach Niederbayern transportieren, als die Eisenbahn kam. Gleichzeitig waren für den Bau von Bahnhöfen oder Eisenbahnbrükken viele Steine zu beschaffen, was wiederum der neuen Ziegelindustrie einen ersten Schub brachte. 30 bis 40 Jahre brauchte diese erste Technisierung in etwa, meint Ludwig Girnghuber aus Marklkofen, stellvertretender Vorsitzender des bayerischen Ziegelindustrieverbandes. Als dann die Abschneideautomaten kamen, und die Etagenwagen, mit dem die Steine weggefahren wurden, dann die vollautomatischen Absatzwagen, mußten die Ziegler investieren oder zusperren. Wer investierte, konnte mit weniger Leuten, deren Arbeit leichter wurde, mehr Ziegel herstellen.

Eine große Gefahr für die Ziegeleien blieb aber lange Zeit das Feuer. Immer wieder brannten ganze Betriebe nieder, 1965 z.B. ein Teil des Jungmeierschen Dachziegelwerks in Straubing oder am 11. Juli 1966 das Tonwerk Venus in Schwarzach. Max Venus, der nur sechs Wochen vorher von seinem Vater den Betrieb übernommen hatte, baute damals anstelle des niedergebrannten Hoffmannschen Ringofens einen modernen Tunnelofen, kaufte neue Maschinen und begann wieder ganz von vorne, und das obwohl die Konkurrenz groß war, wie er sich erinnert. Nur etwa zehn Kilometer waren die Ziegeleien in seinem Bereich auseinander. Da gab es Ziegler in Edenstetten, in Deggendorf, in Hengersberg, in Straßkirchen, in Bogen und in Viechtach. Nur etwa eine Tagesfahrt mit dem Roßgespann reichte das Absatzgebiet einer Ziegelei.

Wieviele Ziegeleien es tatsächlich einmal in Niederbayern waren, ist nicht mehr festzustellen, da ja viele Bauern im Nebenerwerb eben auch Ziegel

Ziegelschlager bei Tann Foto: Archiv Freilichtmuseum Finsterau

machten. Von den einigen hundert waren 1950 noch rund 50 übrig. Heute sind es noch 20. Viele scheuten in den 50er und 60er Jahren die enormen Modernisierungskosten, andere hatten keinen Nachfolger und bei einigen ging der Rohstoff zu Ende. Im Gäuboden gab es ursprünglich hochwertigen Lehm, im Hügelland rechts und links der Isar, im Vilstal, im Rottal und im Inntal. Dachziegel aus Niederbayern galten deshalb schon früher als Qualitätsartikel.

Bis heute herrscht hier der schärfste Wettbewerb in dieser Branche innerhalb Deutschlands. Fünf hiesige Dachziegelwerke stellen mit knapp 200 Millionen Ziegeln ein Viertel des gesamtdeutschen Bedarfs her. Branchenführer ist Erlus in Neufahrn; Max Jungmeier in Straubing ist mit etwa 75 Hausdächern pro Tag oder 50 Millionen Dachziegeln pro Jahr ebenfalls einer der Größten der Branche. In den vergangenen fünf Jahren hat er ausschließlich in Rationalisierungsmaßnahmen investiert. 265 Leute arbeiten heute in seinem Betrieb, etwa 50 weniger als vor 30 Jahren. Mußte ein guter Ziegler damals vor allem kräftig zupacken können und die harte Arbeit an den Öfen aushalten, so ist ein guter Ziegler heute ein guter Elektriker oder Schlosser, der die Maschinen in Gang hält.

Max Venus in Schwarzach hat nur etwa 60 Beschäftigte, doch er hat sich einiges einfallen lassen, um auf dem hartumkämpften Ziegelmarkt zu bestehen. Er stellt Kaminrohre mit sämtlichem Zubehör her und baut gerade eine neues Mauerziegelwerk für Planziegel. Das sind neue Ziegel, bei deren Verarbeitung der Mörtel nicht mehr mit der Kelle aufgetragen wird, sondern mit einer Walze. Vorteil: Die Planziegel lassen sich auf der Baustelle wesentlich schneller verarbeiten.

Auch Ludwig Girnghuber in Marklkofen hat sich mit seinen rund 260 Beschäftigten Marktnischen gesucht: Schon nach dem Krieg wurde er zum Ansprechpartner für die Denkmalschutzbehörden. Er probierte solange herum, bis die Ziegel beispielsweise für den Dom in Regensburg paßten, für den Alten Peter in München, die Pinakothek oder die Staatsbibliothek. Auch die zwei Millionen Steine für den Gasteig in München kommen aus Marklkofen, von Hand gefertigt, denn der Architekt wollte Handschlagsteine. Eine Ausnahme. Der vollindustriell gefertigte Ziegel kommt heute nur noch ganz am Ende mit Menschen in Berührung. Sie sortieren die Ziegel nach Form und Farbe sowie nach Klang mit Hilfe von Schlegeln, mit denen sie vorsichtig auf die Dachziegel schlagen. Ein Ziegel mit einem Riß scheppert wie eine kaputte Tasse. Max Jungmeier hat zwar hier schon mit Maschinen experimentiert, doch die erkennen Farbnuancen nicht so gut wie Menschen.

Max Jungmeier führt zusammen mit seinem Bruder den Betrieb. Max Venus und Ludwig Girnghuber haben jeweils schon die Söhne an ihrer Seite. Das Aussteigen aus dem Betrieb fällt ihnen schwer. Warum fast alle Ziegeleien in Niederbayern Familienbetriebe sind, können die drei nicht erklären. Vielleicht, weil die Ziegler „Gefangene ihrer Öfen“ sind, wie Ludwig Girnghuber es ausdrückt.

Parkhaus in Straubing
Foto: Schricker

Innbrückbogen,
Passau
Foto: Zieske

E. W. Heine

Des Herzogs letzter Rundgang

Foto: Willmerdinger

Wie ein Biberbau lag Burg Keltege im Strom. Das bemooste Gemäuer troff von Nässe. Grünschimmelige Schleier klebten wie Spinnengewebe an verrostetem Gitterwerk. Weiden und Wasserschierling wucherten auf den Wällen. Das Rauschen der Donau durchdrang die Mauern und eisenbeschlagenen Tore, ja selbst die Gedanken und den nächtlichen Schlaf. Geschwätzig und wissend wie eine alte Frau war der Fluß. Er behütete Hunnengold, Gotengräber, römische Ruinen, Marientaler und heimlich versenktes Hexengerät. Ewig und dennoch in stetem Wandel beherrschte der Fluß alle Wunder der Verwandlung. Mondlicht, das in milden Maiennächten auf dem Wasser lag, wurde beim Gesang der Nixen zu Silber. Sonnenstrahlen, die zur Sommersonnenwende den dunklen Grund der Donau erreichten, gerannen beim Geläut der Glocken zu Gold. Allwissend wie Gott war der Strom. Er wußte von dem Fluch, der an jenem Morgen zwei Tage vor Lamberti über der hölzernen Brücke hing. Die Wellen erwarteten ihr Opfer.

Als Ludwig der Kelheimer an jenem Septembermorgen hinüberblickte zu der hölzernen Brücke, die die herzogliche Insel mit Kelheim verband, war seine Lebensuhr abgelaufen. Man schrieb den 15. September Anno Domini 1231.

Täglich zur gleichen Stunde besuchte der Herzog seine Stadt. „Inspectio“ nannte er diesen Gang durch die Gassen. Sein Sohn, etliche Ritter, eine Schar von Höflingen und die Hunde der Herzogin begleiteten ihn.

An jenem Morgen lockte die spätsommerliche Sonne wohlig warm. Wildenten trieben mit gespreiztem Gefieder im Flachen, umschwirrt vom Tanz der Mücken über dem Ufermorast. Selbst die scheuen Wasserratten hatten sich hervorgewagt. Die angeleinten Hunde verbellten sie.

Als Ludwig die Brücke erreichte, sah er auf der anderen Seite den Mann. Er stand dort, als habe er den Herzog erwartet. In der Linken hielt er ein aufgerolltes Pergament. Ludwig liebte es nicht, wenn man ihn während seines Stadtganges belästigte. Die Kelheimer wußten das und richteten sich danach. Der Fremde hatte den Oberkörper vorgeneigt. Sein Gesicht war nicht zu erkennen. Das blonde Haar leuchtete in der Sonne. Er trug es lang wie ein Freier. Er wirkte sehr jung und trotz seiner bittenden Haltung kühn, ja fast anmaßend.

Die Hunde begannen zu bellen und zu reißen.

„Weg da! Aus dem Weg!“ rief der Höfling, der sie führte.

„Laß das!“ sagte Ludwig. „Jedermann verdient, daß man ihn anhört.“

Er befand sich jetzt mit dem Fremden auf gleicher Höhe und wollte nach dem Pergament greifen, als jener einen Schritt vortrat und dem Herzog ein Stilett durch den Hals stieß. Es geschah so schnell und überraschend, daß weder Ludwig noch seine Begleiter das Entsetzliche zu fassen vermochten. Mit weit aufgerissenen Augen, mehr erstaunt als erschrocken, betrachtete der Herzog seinen Mörder. Die Hände umklammerten die klaffende Wunde. Der Herzog wankte. Dann schlug er zu Boden wie ein Baum, durch dessen Stamm die Säge gefahren ist. Sein Sturz löste die Männer aus ihrer Erstarrung. Wie Pfeile vom Bogen schwirrten die Schwerter aus der Scheide. Während der Herzog grauenvoll röchelnd sein Leben aushauchte, zerhackten seine Ritter den Mörder mit grimmigen Hieben. Es war ein so gräßliches Gemetzel, daß der herbeigerufene Wundarzt glaubte, er hätte es mit vielen Verwundeten zu tun. Die Rächer trieften vom Blut ihres Opfers. Dem Fremden fehlten beide Arme und ein Fuß. Seine Eingeweide klebten in Fetzen zwischen den Brettern der Brücke. Der Anblick war derart ekelhaft, daß die Höflinge Sand über den Leichnam warfen und die abgeschlagenen Gliedmaßen kurzerhand in die Donau stießen.

Für den Herzog kam jede Hilfe zu spät. Er erlitt den Tod, den man für den allerschlimmsten erachtete. Unvorbereitet, ohne Beichte und ohne Sterbesakramente hatte ihn ein grausames Geschick aus dem Leben gerissen. Sie hatten den Toten mit seinem Mantel zugedeckt. Er lag rücklings auf den Planken und wartete auf seine würdige Heimholung. Keiner der Herbeigelaufenen sprach. Alle waren wie gelähmt von dem Fluch, der auf diese Brücke gefallen war.

Wer war der Mörder? Warum hatte er das getan?

Ludwig war kein Tyrann. Seine Untertanen liebten ihn. War es die Tat eines Wahnsinnigen? Oder hatte der Meuchelmörder im Auftrag einer höheren Macht gehandelt? Gab es Mitverschwörer unter den Begleitern des Herzogs? Warum hatten sie es so eilig gehabt, den Täter zu richten? Fürchteten sie, er könne unter der Folter Namen nennen? Was hatte in dem Brief gestanden, den der Fremde dem Herzog überreichen wollte? Sie suchten ihn vergeblich. Hatte ihn der Fluß davongetragen? Oder hatte ihn jemand an sich genommen?

Endlich wurde der Leichnam, auf einen Leiterwagen gehoben, zwei Rappen davor. So zogen sie ihn durch die Stadt am Strom, eingesponnen in Nebel und Schwermut, vorbei an grauem Mauerwerk, von der Zeit zerfressen, an dramatisch vernutzten Treppen. Lattenzäune: zerbrochen, lückenhaft wie grinsende Greisenmünder. Rieddächer: schief, viel zu groß auf verkrüppeltem Fachwerk, Narrenkappen auf Kinderköpfen. Und immer wieder Stege, Brücken,

Herzogsschloß
in Straubing
Foto: Schricker

Bogen, Übergänge, denn die Stadt war voller Kanäle. In den Gassen trockneten geflickte Netze. Fisch, das Fleisch der Armen, gab es in feuchter Fülle. In unverglasten Fensterlöchern drängelten sich Blumentöpfe, stumpfe unglasierte Scherben. Wäsche trocknete im Wind neben Zwiebelzöpfen, Dörrfisch und Kräutersträußen: Baldrian, Borretsch und Bohnenkraut.

Stolz streckte die Stadt ihre Türme zum Himmel: Wehrtürme, Wachtürme, Schuldturm und Rathausturm, vor allem jedoch die Glockentürme der Gotteshäuser, von denen jetzt die Totenklage gellte.

Noch selbigen Tages wurde der abgeschlagene Kopf des Attentäters öffentlich ausgestellt. Das geschah nicht wie üblich vor dem Stadttor, sondern in der zugigen Durchfahrt des Torhofes, um die rasche Verwesung zu verzögern. Der Kopf steckte auf einer Lanze. Die offenen Augen waren glanzlos wie die Augen von Flußfischen, die nicht am Fangtag verkauft werden. Zwei Wachen standen Tag und Nacht dabei, um den Kopf vor dem Zorn der Kelheimer und der Gier der Raben zu beschützen. Ein Trommler verkündete dem gaffenden Volk, daß eine Belohnung von vier Pfund Heller in Silber auf denjenigen warte, der Name und Herkunft des Mörders zu nennen vermöchte.

Alte Residenz,
Passau
Foto: Zieske

Am Dom,
Passau
Foto: Zieske

Hans Carossa

Fremde Welt

Die Meise, die sich in den Dom verflogen,
Was helfen ihr die Gnadenbilder alle,
Der Orgelklänge feierliches Wogen?
Das Heiligtum wird ihr zur Todesfalle,
Die goldnen Engel, die sich gütig neigen,
Vermögen ihr den Ausweg nicht zu zeigen.
Umblendet von unschuldiger Gefahr
Zerstößt sie sich den Fittich am Altar.

Irene Kubelka

Fremde Heimatstadt

Antisemitische Bildtafel (Ausschnitt) aus der Deggendorfer Grabkirche Foto: lichtung verlag/Stadtmuseum Deggendorf

Am Stadtplatz meiner Heimatstadt Deggendorf, dem „alten Rathaus" gegenüber, steht die Kirche zum Heiligen Grab; berühmt als Bauwerk – ihr Turm ist wohl der schönste, den der Barockbaumeister Johann Michael Fischer entworfen hat – und als Wallfahrtskirche; jahrzehntelang berüchtigt wegen der Hartnäkkigkeit, mit der die Deggendorfer an der traditionellen Illustration der Wallfahrt festhielten:

Jahrhunderte hindurch wurden alljährlich die „Gnadentage" in Deggendorf zelebriert, im Gedenken an einen legendären „Hostienfrevel", den die jüdischen Einwohner Deggendorfs im Mittelalter begangen haben sollten, an ein Wunder, ein Mirakel, das angeblich mit den geschändeten Hostien geschehen war und noch geschah, und an die „gerechte Bestrafung" der Juden durch ihre christlichen Mitbürger.

Der barocke Turm wurde erst zu Beginn des 18. Jahrhunderts an die gotische Basilika gefügt, die aus dem 14. Jahrhundert stammt. Bald nachdem sie auf verbrecherische Weise zu Geld gekommen waren, hatten die Deggendorfer Christen damals mit dem Kirchenbau begonnen; vielleicht schon 1338. In diesem Jahr nämlich hatten sie die jüdischen Einwohner der Stadt, bei denen sie hochverschuldet gewesen waren, ermordet – „verbrannt und getötet". So belegt es eine Urkunde Herzog Heinrichs XIV. von Niederbayern, der den Christen das Raubgut zusprach und die Schulden erließ, die sie bei den Juden gehabt hatten.

Jahrzehnte danach ließen spätere Bauherren eine Inschrift in einen Pfeiler der Kirche meißeln, die nicht nur kundtut, am Tag nach St. Michael seien „DI JUDEN ERSLAGEN" worden, sondern auch, man habe, Frauen und Männer hätten es bezeugt, „GOTES LAICHENAM" – Hostien also – gefunden und daraufhin mit dem Kirchenbau begonnen. Am Michaelitag, dem Zinstag, hätten die Deggendorfer ihre Schulden bei den jüdischen Geldverleihern zurückzahlen müssen; ein Zusammenhang zwischen diesem Tag und dem Mord liegt nahe und könnte den Tatsachen entsprechen. Dies gilt nicht für die mit der Inschrift angedeutete „Begründung" von Mord und Kirchenbau: Erst diese späte Inschrift zeiht die Deggendorfer Juden vage des „Hostienfrevels". Es gibt keine offiziellen zeitgenössischen Berichte, keine Beweise für diese Behauptung; auch nicht für gleichartige Anschuldigungen, die um dieselbe Zeit in vielen anderen Städten Deutschlands gegen die ansässigen Juden erhoben wurden. Bewiesen aber ist, daß die in Deggendorf lebenden Juden 1338 von den Deggendorfer Christen umgebracht worden sind. Im Gegensatz zur „Hostienschändung" ist die „Bestrafung" der Juden – der Mord an den Juden – durch historische Dokumente belegt.

Wahrscheinlich ist die Legende erst Jahre nach dem Mord als Tatmotiv in Umlauf gebracht worden; wäre sie aber schon vorher als Gerücht in Deggendorf umgegangen, hätte sie in der Tat eine geeignete Handhabe geboten, einen „spontanen Volksaufstand" zu inszenieren, damals, im Mittelalter, nicht „völkisch", sondern „religiös" gefärbt. Ihr Inhalt wird schon im 14. Jahrhundert in der Hauptsache der Version entsprochen haben, die ich als kleines Schulmädchen kennenlernte: Eine „sündige christliche Magd" spuckt mehrmals die Hostie, die sie bei der Kommunion empfangen hat, in ein Taschentuch, um sie den „jüdischen Frevlern" übergeben zu können. Diese „martern" die weißen Brotscheiben mit Schusterahlen, mit Schmiedehämmern und im Feuer des Backofens. Sie werfen sie schließlich in einen Brunnen, dessen Wasser sie vergiftet haben. – Als Kind machte ich einen großen Bogen um den Brunnen neben der Grabkirche, dem man die Rolle dieses „Judenbrunnens" zugewiesen hatte. – Die Hostien aber halten allen Torturen stand: Eine kleine Lichtgestalt schwebt über ihnen – das Jesuskind. Licht strahlt am Ende auch über dem Brunnen und macht die Deggendorfer Christen aufmerksam, die die Hostien bergen.

Umhüllt von der Atmosphäre, die sich um diese Legende gebildet hatte, beeindruckt von den Kulissen und Requisiten, die sie zum Leben erweckten, beugten die „Gnad"-Pilger das Knie vor der Monstranz mit den „unversehrbaren" Hostien und hofften auf einen vollkommenen Ablaß ihrer Sündenstrafen.

Hat auch der „Hostienfrevel", wie immer man ihn bewerten würde, niemals wirklich in Deggendorf stattgefunden – in der Phantasie der Deggendorfer fand er Jahrhunderte hindurch statt: Nicht nur Jahr für Jahr während der Wallfahrtstage, sondern jeden Sonntag, jeden Tag, an dem wir Deggendorfer die „Grabkirche" besuchten, konnten wir die Erinnerung auffrischen an die Erzählung, die wir schon als Schulkinder gehört hatten:

Im Altarraum, über dem Chorgestühl, eine Reihe von beschrifteten Bildern in düsteren Farben; sie stellten mit dramatischen Szenen, realistisch gemalt, das Irreale, das Unwahre, dar und veranschaulichten dem naiven Betrachter den Text, der die „gottlosen Juden" beschimpfte. Eine gefährliche Moritat!

Und meine Kirchenbesuche an der Hand der Großmutter: An jedem Nachmittag, an dem sie mit mir aus dem hellen Stadtplatztreiben in die kühle Stille trat, zog ich sie zuerst unter die Orgelempore, dorthin, wo sich über einer „Grube" ein wuchtiger „Käfig" aus Steinpfeilern und schwarzem Eisengitter erhob. Das Kind sah und wußte nicht, daß es vor einem Gruftaltar stand, es sah nur, was unter der marmornen Deckplatte, zwischen den Granitarkaden des Altartisches zu sehen war. Durch kunstvoll geschmiedetes Gitterwerk hindurch blickte es auf eine schaurig-schöne Szene: Aus der Grube ragten zwei lebensgroße Figuren, ungeschlachte Kerle mit schwarzen Haaren und Bärten; mit mächtigen Armen und klobigen Händen schwere Hämmer schwingend auf den riesigen Amboß, der zwischen ihnen stand. Und über dem Amboß die zarte Lichtgestalt, das Kindlein im weißen Gewand; das gestaltgewordene „Böse" und das „unbesiegbare Gute"!

Nur während der Weihnachtszeit zog ich die Großmutter, zog es mich an einen anderen Platz in der Kirche, zu einer freundlicheren Kulisse: Vorne, in einer Altarnische im linken Seitenschiff, war aus Moos, Flechten und Zweigen eine Hügellandschaft gestaltet, im Vordergrund die „Krippe" aufgebaut; strohgedeckte Hütte, Engel über dem Dach, Hirten, Schafe, Ochs und Esel; die drei „orientalisch" gewandeten Könige auf ihren Reittieren unterwegs zum Stall; in der Hütte, sanft beleuchtet, die drei gütigen Juden: Maria, die Mutter, Joseph, der Nährvater, und in der Futterkrippe Jesus, der als Jude geborene Gottessohn. Palästina war nach Deggendorf gekommen, der Stall zu Bethlehem! Und wenn man eine Münze einwarf, kam Bewegung in das Bild. Ich weiß nicht mehr: nickte der Esel mit dem Kopf, hob Maria segnend die Arme, winkten die „Heiligen Drei Könige"?

Märchenfiguren!

Mit jüdischen *Menschen* bin ich als Kind nie zusammengetroffen. Doch! Eine Erinnerung flackert auf, ein gelber Stern flackert auf: auf der Brust eines Mannes, der uns, meiner Mutter und mir, in einer Gasse entgegenkam. Ich starrte ihn an, wollte ihn der Mutter zeigen, die Mutter fragen; sie zog mich zur Seite: „Schau nicht so hin; das tut man nicht!" So hätte sie mich wohl auch ermahnt, wenn ich einen Mann im Rollstuhl angestarrt hätte. Irgendetwas war krank an diesem Menschen, und ich hatte mich schlecht benommen! Der Eindruck blieb haften.

Wie für die Juden von 1338 war Deggendorf auch für diesen Mann „seine" Stadt gewesen; eine Straße dieser Stadt hatte er „seine" Straße genannt. Berechenbar und vertraut waren ihm der Alltag und die Menschen in dieser Umgebung geworden. Er hatte sich zugehörig und sicher gefühlt. „Heimat" hatte er gefühlt, Geborgenheit; ein wärmendes Fell war ihm mit den Jahren gewachsen. Doch auch Gefühle, die so stetig gediehen sind, können ihren Nährboden verlieren, die Basis, die zuverlässig schien: Ein Vulkan bricht aus, die Umgebung ist nicht mehr berechenbar, nicht mehr vertraut; du kannst der Heimat nicht mehr trauen. Töricht, von Orten und Menschen absolute Geborgenheit zu erwarten! Heimat kann zur Fremde werden, kann dich zum Fremden machen.

Ich sah den Stern auf der Brust des Mannes, aber ich wußte nicht, daß da ein Mensch seinem Martyrium entgegenging; daß für Millionen von Menschen eine Zeit des Grauens und der Qualen angebrochen war; daß die Folterknechte der Inquisition, die Mordgesellen des Mittelalters ihre Nachfolger gefunden hatten.

Seit dem Mittelalter war die Mär von den „jüdischen Frevlern" und ihrer „Bestrafung" durch unsere Heimatstadt gegeistert; Jahrhunderte vor der „Reichskristallnacht" entstanden – und noch Jahre nach 1945 durch unser religiöses Brauchtum weiterverbreitet.

Im 20. Jahrhundert galt wohl das primitive Lügenmärchen bei einem Großteil der Bevölkerung einfach als eine „fromme" Geschichte aus alter Zeit, die sich um die „Gnadenfeiertage" rankte und über deren Wahrheitsgehalt und deren Bedeutung man sich nicht den Kopf zerbrach. Man erkannte nicht, daß man Jahr für Jahr mit einem Märchen einen Massenmord rechtfertigte, der nicht mehr zum Märchen gehörte: Die ganz besondere „Kollektivschuld" der Deggendorfer wurzelt im Mittelalter!

Man brachte die Legende, glaube ich, nicht in Zusammenhang mit den paar jüdischen Familien, die in Deggendorf lebten; man spürte anscheinend nicht, wie gefährlich es war, dieses Märchen am Leben zu

Bildtafel von Philipp Neri Miller zur Deggendorfer Gnadlegende, heute aus der Grabkirche entfernt und in der Ausstellung im Stadtmuseum Deggendorf zu sehen Foto: lichtung verlag/Stadtmuseum Deggendorf

erhalten, und wie rücksichtslos, die jüdischen Mitbürger damit zu konfrontieren. Auch den Geistlichen und den Honoratioren der Stadt fehlte es an Sensibilität dafür; auch den Äbten und Patres des benachbarten Benediktinerklosters Metten.

Ein Mettener Pater dramatisierte die Legende und verfaßte ein „Mirakel"-Spiel. Es gibt eine Photographie, aufgenommen 1926, die den damaligen Bürgermeister von Deggendorf als Ehrengast einer Aufführung neben den posierenden Schauspielern zeigt. Er war ein humaner, friedfertiger Mann; er hat sich gewiß nichts oder nichts Böses dabei gedacht. Er muß sich aber etwas dabei gedacht haben, als er, der heimlich „Königstreue", Ende April 1933 noch schnell der „Partei" beitrat; als er sich andererseits am „Ersten Mai" weigerte, die Festrede auf dem Stadtplatz zu halten; und, als er Mitte Mai die unter Drohungen vorgebrachte Forderung der „Altparteigenossen" zurückwies, die Deggendorfer Juden vom Maimarkt und aus der Stadt zu vertreiben. Das unzuverlässige Parteimitglied wurde noch im Oktober 1933 zum Rücktritt gezwungen, sein Haus durchsucht. Im Dezember jenes Jahres, dessen Ereignisse das qualvolle Sterben von Millionen von Juden anbahnten, bin ich geboren worden. Fünfzehn Jahre später wurde der ehemalige Bürgermeister mein Stiefvater.

Ein zweiter Vater also; mein erster Vater, der zärtlich geliebte Vater meiner Kinderjahre, war 1942 gestorben, als ich acht Jahre alt gewesen war. Zu dieser Zeit wußte ich noch nichts von Pogromen und Gaskammern; aber man hatte mir schon beigebracht, mich mit dem „Land meiner Väter" zu identifizieren. Ich fühlte mich eins mit „meinem Vaterland“, ohne mir über eine Definition im Klaren zu sein. Ich stand auf einem Schulhof, in strammer Haltung, eingereiht zwischen die anderen Kinder, und sah ehrfürchtig zu, wie die Fahne, diese schreckliche Fahne, gehißt wurde; und ich hob mit Tränen in den Augen die Hand zum Hitler-Gruß und gab mich dieser zeremoniellen Geste ganz hin; und ich sang und war von den Worten überzeugt, die ich sang: „Heilig Vaterland, in Gefahren deine Söhne sich um dich scharen. – Werden wir sterben, unseren Erben bleibt dann die Pflicht: es zu erhalten und zu gestalten. Deutschland stirbt nicht!“

Ich weiß nicht, von wem der Text stammt, von wem die Melodie in Moll; das Lied war vielleicht schon gesungen worden, ehe „Deutschland“ zu Hitlerdeutschland geworden war. Ich weiß auch nicht, ob alle Kinder auf dem Schulhof mein Pathos teilten. Bühnenbild, Zeremonie und Gesang verfehlten wohl bei manchen ihre Wirkung. War ich so aufnahmefähig, so anfällig, weil es in dem Lied um das „heilige Vaterland“ ging, um „das Land“ meines Vaters, den ich so sehnsüchtig, so verzweifelt betrauerte, dessen Andenken mir heilig war? Sie lagen nahe beieinander, dieser Schulhof, über dem die Fahne flatterte, und der Friedhof, in dessen Erde die Leiche des Vaters verweste. Das Mädchen war berührt von dem Lied und vom eigenen Gesang; ihm war feierlich, stolz, opferbereit zumute; wenn man es aber vor die Wahl gestellt hätte: „Wer soll leben: dein Vater oder Deutschland?“ – es hätte „Deutschland“ sterben lassen.

Als ich meinen zweiten Vater bekam, war der Weltkrieg, den Hitler entfacht hatte, schon drei Jahre zu Ende; und es war weiterhin schlecht bestellt um Urteils- und Einfühlungsvermögen der Deggendorfer: Die Bilder von den Leichenbergen und von den lebenden Skeletten in Sträflingskleidung waren schon in den Schulen gezeigt worden, da brüstete sich die Grabkirche immer noch arglos mit der Parallelgeschichte von Deggendorfer Zuschnitt; da wurden im Presbyterium immer noch die Bildtafeln zur Schau gestellt mit dem Text über die „gottgefällige Rache“ der Christen, die Ermordung einer Minderheit. Da sollte wieder ein „Gnadenbüchlein“ unter die Leute gebracht werden mit Zeichnungen aus dem 18. Jahrhundert; der zugehörige Text gipfelt in einem Gebet: „Die Juden werden von denen Christen ausgereutet. Gott gebe das von diesem Höllengeschmaiß unser Vaterland jederzeit befreyet bleibe.“ Das Büchlein wurde Anfang der fünfziger Jahre eingezogen, die Bildtafeln nahm man Ende der sechziger Jahre von der Wand. Juden und Christen in ganz Deutschland drängten darauf, der Wallfahrt einen anderen Sinn zu verleihen. Zu Beginn der neunziger Jahre erst manifestierte sich der Sinneswandel in einer Umbenennung: Die „Gnad“ ist zur „Glaubenswoche“ geworden, in der nicht mehr die Rede sein wird von „Hostienfrevel“ und „Hostienwunder“. Und 1992 sprachen Geistlichkeit und Stadtrat zum ersten Mal in diesem Zusammenhang öffentlich von Mord: vom Mord an den Juden, die im mittelalterlichen Deggendorf ihre Heimatstadt gesehen hatten. 1993 wurde im Stadtmuseum eine Dauerausstellung zur Geschichte der „Gnad“ eröffnet. Ermordung und Verleumdung der Juden werden jetzt angeprangert. Kommentar der Lokalzeitung: „Die Ausstellung ist wahrscheinlich unbequem und schmerzt die Alteingesessenen. Umso wichtiger – und mutiger, daß sie entstanden ist.“

Ein Rest der Frömmigkeit alten Stils nämlich, des unkritischen Verhaftetseins mit der Tradition, ein Rest des Aberglaubens hatte überlebt: Es gab ältere Deggendorfer, die voll Unbehagen den Kopf schüttelten über die Veränderungen in der Kirche und die Abkehr vom Wunderglauben; über die Entfernung der von frommem judenfeindlichem Geist geprägten Szenerie und über die schmerzhafte Entwirrung des Geranks aus Wahrheit und Legende, das sich in der Grabkirche mit der Geschichte des Gekreuzigten verflochten gehabt hatte.

Und nach der ersten Frühlingsnacht des Jahres 1995 fühlten sie sich bestätigt: In dieser Nacht nämlich zerbarst im südlichen Seitenschiff der Kirche ein Feld des gotischen Kreuzrippengewölbes und stürzte in Trümmern auf die Gebetsbänke hinab. Statiker und Architekten suchten nach einer Erklärung: Hatten Bau- und Abrißarbeiten im Umkreis der Kirche die gewölbetragenden Mauern erschüttert? Hatten Veränderungen des Grundwasserspiegels eine Seite des Fundaments tiefer sinken lassen, bis das Gewölbe der Spannung nicht mehr standhielt? Ein paar fromme Frauen sprachen aus, was noch mehr Gläubige dachten: Ein Zeichen göttlichen Zorns! Die strafende Faust Gottes hatte zugeschlagen. Strafe dafür, daß man die ursprüngliche, in Stein gemeißelte Bestimmung der Kirche mißachtet hatte: DO BART GOTES LAICHENAM FUNDEN. DAZ SAHED FRAUEN UND MAN. DO HUAB MAN DAZ GOTSHAUS ZE BAUN AN. Eine Sühnekirche hatte man doch damals bauen wollen, einen steinernen Schrein für die von den Juden geschändeten, unzerstörbaren Wunderhostien. Und heute? Ausgetrieben die vertraute Mär vom Frevel der Deggendorfer Juden, vom Sieg des göttlichen Kindes; von der Bestrafung der Juden durch die rechtschaffenen, Recht schaffenden, gottgefälligen Christen von Deggendorf. Zurückgeblieben war der historische Bericht über eine gewinnbringende Untat, verübt von blutrünstigen, feuersbrünstigen Mordgesellen – „verbrannt und getötet"! – , denen das späte Mittelalter die Sühne erlassen hatte.

Nach dem Einsturz des Gewölbejochs wurde die Kirche für Besucher gesperrt, bis die vorläufige Sanierung im Herbst 1996 wieder ein Betreten erlaubte. Eine Restauration auf Dauer wird erst um die Jahrtausendwende finanziert werden können.

Das Kircheninnere, das meine Großmutter mit mir betrachtet hatte, gibt es schon lange nicht mehr. Irgendwann hatte man auch die schwarzbärtigen Unholde aus ihrer vergitterten Höhle gezerrt. Auch ich war dafür gewesen, das Gotteshaus von dem Verdacht zu befreien, es billige immer noch die von Deggendorfer Christen begangene unchristliche Mordtat; war dafür gewesen, die Spuren des Ungeistes aus dem konservierenden Dämmerlicht zu verbannen und sie der historisch-sachlichen Beleuchtung eines Museums auszusetzen. Aber ich habe die zwei finsteren Schmiede jahrelang vermißt; sie und das schimmernde Kind, das zu ihnen gehörte. Sie waren mir vertraut geworden, als ich selbst ein Kind gewesen war, sie waren ein Stückchen „Heimat" für mich gewesen. Ich habe sie vermißt, so wie ich die prächtige alte Kanzel vermißt habe, die bis auf einen nüchternen Restteil einer früheren Renovierung des Innenraums zum Opfer gefallen ist; oder die Mariengrotte in dem Rosengärtchen an der Kirchenmauer. Das Gärtchen ist verschwunden, die Redemptoristenmönche, die es pflegten, sind gestorben oder fortgezogen, das Redemptoristenkloster ist abgerissen worden.

So manchen anderen Garten und manches Haus in dieser Stadt habe ich vermißt und manches Tier und manchen Menschen; und immer wieder mich selbst, „so wie ich damals war", als Kind, als junges Mädchen –. Allmählich habe ich mich damit abgefunden, daß wir uns ständig wandeln, meine Stadt und ich, und daß ich von Zeit zu Zeit die Heimat wechseln muß, auch wenn ich an Ort und Stelle bleibe. Endgültig verloren aber werde ich meine Heimatstadt erst haben, wenn ich ganz fest mit ihr verbunden sein werde – mit dem Fleckchen Erde, in dem die Knochenreste liegen, in die mein Vater verwandelt wurde.

Wolfgang Sréter

Für eine Weile

Foto: Mooser

Als Israel Offmann zusammen mit seiner Frau 1958 das Ringcafé in Straubing übernahm, war ich gerade in meinem dreizehnten Lebensjahr. Wir hatten in der Küche ein Radio mit einem grünen, magisch zitternden Auge. Meine Eltern hörten damit in die Welt hinaus, ich hörte einzig und allein AFN. Schon morgens um sieben sang Paul Anka zum Frühstück „Put your head on my shoulder..." Er konnte das Wort „shoulder" so ziehen, daß ich die Hälfte meiner Schulsachen vergaß und im vollbesetzten Bus verstohlen nach jemandem Ausschau hielt, dem ich meine Schulter gerne geliehen hätte. Auf dem Weltempfänger stand eine Vase mit einer vergilbten Papierblume und daran angelehnt ein Foto, das immer dann zu fliegen begann, wenn meine Lieblingsmusik das Gehäuse zum Vibrieren brachte. Das Foto zeigte den offenen Sportwagen meines Onkels. Ich lehnte am linken vorderen Kotflügel mit einem großgemusterten Hemd, einer Locke in der Stirn und einem angebissenen Apfel in der Hand. Die Straße, in der wir damals wohnten, war ungeteert, an unserem Gartenzaun graste oft die Kuh der Nachbarin, und das Nummernschild wies meinen Onkel als amerikanischen Besatzungssoldaten aus. Auf der Rückseite des Bildes, stand – in typisch amerikanischer Handschrift, wie meine Großmutter meinte – „When you grow up you may want to have an Austin Healy too".

Zu diesem Zeitpunkt wünschte ich mir weder einen Sportwagen noch einen Straßenkreuzer mit Heckflossen, auch nicht für später. Ich wünschte mir ein Saxophon, mit dem ich solange röhren konnte, bis sich unter dem Hemd Gänsehaut ausbreitete, mit dem ich in ein Mikrophon hineinkriechen konnte, um einen Verstärker zum Explodieren zu bringen. Ich wußte natürlich, in diesem Jahr würde unter dem Christbaum kein matt-schwarzer Koffer liegen, sondern Etüden von J.S. Bach für Violine, daneben ein Notenständer, höhenverstellbar, für jede Altersstufe. Wir hätten bei uns in der Straße sofort eine Band wie die „Comets" auf die Beine stellen können. Wir konnten auf den Zehenspitzen stehen, die Knie nach innen gedrückt, den Oberkörper zurückgeworfen, eine Hand in der Luft, die andere

Straubing,
Ludwigsplatz, 1961
Foto: Schricker

in der Hüfte, als hätten wir die Hula-Hoop-Reifen unserer Mütter ausgeliehen, alle in einer Reihe, mit einem Lachen breiter als jede Bühne. Nur die Instrumente fehlten uns.

Auch dreizehn Jahre nach Kriegsende war ein Tagescafé eine trübsinnige Angelegenheit. Manche Straubinger hatten zwar die Caprifischer schon aus der Nähe gesehen, aber zuhause sparten sie auf eine Stereotruhe oder einen Fernsehapparat, und der Film „Das Mädchen Rosmarie" zog sie mehr in seinen Bann als das Ringcafé. Deswegen beschloß Offmann in den alten Räumen ein Tanzcafé zu eröffnen, und kurz vor Weihnachten war das „Espresso" geboren. Die gute Musik „Am Platzl" sprach sich schnell unter den zweitausend amerikanischen Soldaten herum. Den ersten Weihnachtsabend im neuen Lokal feierte man zusammen mit den jungen GI's. Für diesen Abend hätte Offmann am liebsten eine Big Band oder doch wenigstens eine Combo engagiert, bekam aber nur einen Pianisten. Er bat ihn, auch ein paar amerikanische Weihnachtslieder zu spielen. Später erzählte er oft lachend, dies sei sein erster Fehler in der Musikbranche gewesen. Das Heimweh der jungen Soldaten fing an zu kochen, es brodelte und lief über. Nachdem Hank Peterson mit sanfter Stimme von einer weißen Weihnacht geträumt hatte, mit jedem Schlag seines Herzens, glich das „Espresso" dem Berliner Sportpalast nach einem Bill Haley Konzert. Die erste, mit Kredit erworbene, Möblierung war bis auf den letzten Stuhl gesplittert.

Der Himmel hing schwer über der Stadt. Niemand hätte in diesem dichten Nebel von einer Brücke zur anderen sehen können. Der Fluß war grau, die Häuser waren grau, und sogar die Hunde, die am Ufer entlangstreunten und vor Wind und Kälte in die Seitenstraßen flüchteten waren grau und griesgrämig. Harry interessierte sich nicht für den Nebel, der Glasgow verschluckte. Er interessierte sich für die sechs Saiten seiner Gitarre. Er hatte gerade einen Wettbewerb in einem riesigen Kino gewonnen, und für ihn vermischte sich das Platschen des Regens mit dem Applaus der Zuhörer zu einem Rhythmus, über dem sich stundenlang improvisieren ließ. Er war der einzige gewesen, der spielen konnte wie Scotty Moore, der Gitarrist von Elvis. Das kleine weiche Plättchen zwischen Daumen und Zeigefinger der rechten Hand, konnte er gleichzeitig mit Mittel- und Ringfinger zupfen. Damit ließ er die Gitarre laufen, konnte Baßmelodie und Harmonien gleichzeitig hervorzaubern. Er überraschte die Jury durch Präzision, begeisterte das Publikum mit Schnelligkeit, und machte die Musiker im Parkett auf sich aufmerksam, die hinter einem Jungen wie ihm her waren.

Er würde nicht in Schottland versauern. Auch wenn der Vater brüllte, die Mutter schimpfte und jammerte, er würde nach London gehen, denn dort konnte man in den Musikclubs etwas hören, auf das man im Norden der Insel vergeblich wartete. Niemand würde sich um ihn reißen, dafür gab es in Soho zu viele junge Gitarristen, aber er würde eine Band finden. Wieso sollte er Klempner werden, wenn er im glitzernden Jackett auf einer Bühne stehen konnte? Wieso sollte er sich im Blaumann unter schottische Spülkästen zwängen, wenn er mit seinem Instrument die Leute zum Tanzen bringen konnte? Sein Beruf war Musiker, sein Arbeitsplatz die Clubs in London, und wenn er Glück hatte, schaffte er den Sprung über den Kanal. Irgendwann würde er soviel verdienen, daß er in den USA eine Fender Stratocaster bestellen konnte. Sollten andere hier im Nebel herumstochern, er wäre am liebsten schon vom Kino aus zum Bahnhof gelaufen, um herauszubringen, wie man am billigsten nach London kam.

Meist bleiben glückliche Tage verschwommen im Gedächtnis zurück, während das Grauen sich festsetzt und immer wieder hervorkriecht, vor allem nachts. Im April 45 wurde Israel Offmann von amerikanischen Soldaten auf eine Bahre gehoben. Sie fuhren ihn auf der offenen Ladefläche eines Militärlastwagens von Ganacker nach Straubing. Er war neunzehn Jahre alt, aber er sah aus wie ein alter Mann, der schon lange verhungert war. Die SS hatte ihn im Lager zurückgelassen, weil sie ihn mehr zu den über hundert Leichen hinter der Krankenbaracke zählte,

Straubing,
Fronleichnams-
prozession 1958
Foto: Schricker

als zu denjenigen, die sie mit einem weiteren letzten Transport quälte. Unterwegs hörte er auf zu atmen. Deswegen wurde er nicht in das Krankenhaus der Barmherzigen Brüder eingeliefert, sondern mit anderen, denen auch die Kraft für die Rettung fehlte, in einer Schule aufgebahrt. Ein katholischer Geistlicher bekam den Befehl, sich um die Toten zu kümmern. Während er für den jungen Mann betete, dem er unter den Knochen nicht ansehen konnte, ob er in Frankreich, Rumänien oder Rußland aufgewachsen war, schlug Israel die Augen auf und bat: „Bitte nicht taufen, ich bin Jude."

Der Priester brachte Offmann zu den Lebenden zurück. Er wachte Tag und Nacht an seinem Bett, um zu verhindern, daß nach dem Hunger nun die amerikanischen Konserven den Jungen umbrachten. Als Offmann das Krankenhaus verließ, hatte er noch immer die gestreifte Lagerkleidung an, darüber einen Fliegermantel. Er versuchte in schlaflosen Nächten dem glücklichen Tag seiner Befreiung scharfe Konturen zu geben, ihn einzubrennen neben den fast zweitausend anderen, die er seit seinem vierzehnten Lebensjahr in verschiedenen Lagern dahinvegetieren mußte. Er bekam die Wohnung eines ehemaligen SA-Mannes zugewiesen und ab diesem Tag trug er viel zu große Reithosen und schwarze Stiefel. Er blieb in Straubing, denn in seiner Heimat Tschenstochau hätte ihn die Erinnerung an die ermordeten Eltern und Geschwister lebendig begraben. Mit vierzehn war er von einem behüteten Tag auf den anderen erwachsen geworden. Auf seinem Transport vom Elternhaus in die Konzentrationslager hatte er noch, wie viele Jungen seines Alters, eine Zündholzschachtel in der Hosentasche. Da hinein versteckte er das Glück seiner Kindheit. Die Schachtel war auf dem Weg von Buchenwald über Auschwitz, Sachsenhausen, Dachau nach Ganacker verloren gegangen.

Ich sah Israel Offmann, den Musiker und Soldaten lieber „Joe" nannten, zum ersten Mal, als er hinter der Bar stand, mit einer Flasche Bluna in der Hand, und die „Fleets" aus Schottland „Take a message to Mary" auf die Tanzfläche hauchten. Meine Begeisterung für den Rock'n Roll war aus dem Saxophon geschlüpft und hatte sich im Gehäuse eines Mikrophons eingenistet. Meine Liebe galt einem Mädchen, dessen Vater schon alleine bei dem Wort „Espresso" rot anlief. Ich starrte bewundernd auf die Bühne, dabei nickte ich mit dem Kopf wie ein pickendes Huhn. Drei Gitarren und ein Schlagzeug, das war die Besetzung, auf die wir alle gewartet hatten. Ab und zu schob sich an mir vorbei der Ärmel einer schwarzen Lederjacke, und eine Bierflasche wurde auf einer Trommel abgestellt. Ohne sein Spiel zu unterbrechen, nahm der Schlagzeuger die Flasche, um sie vorsichtig zum Bühnenrand zurückzuschieben. Würde sich das Bier über die gespannten Felle ergießen, würde der Musiker der Angreifer sein. Bei einer Pfütze auf der Tanzfläche käme die schwarze Lederjakke in Bewegung. Das Unglück zog sich in der heißen Luft zusammen wie Fliegen über dem Hundekot. Joe's Leute standen bereit. Die Verabschiedung des Störers an der Türe oder auf dem Straßenpflaster würde er selbst übernehmen, auch wenn er einen Kopf kleiner war als die meisten seiner Gäste. Plötzlich stand eine zweite Flasche auf der rot glänzenden Trommel. Als der Betrunkene verwundert nach seinem Bier griff, prostete ihm der Schlagzeuger lachend und aufmunternd zu. Mit dem Klirren der Flaschen verwandelte sich die Lederjacke in einen Freund, der im Ernstfall die Musiker gegen das ganze Lokal verteidigen würde. Fünf Minuten später tanzte ein Tablett mit klaren Schnäpsen in Richtung Bühne und setzte ein oft geübtes Ritual in Gang: Der Verstärker wurde auf Hall gestellt, die Gläser zum Schein angesetzt, ein tausendfacher Rülpser kugelte aus den Lautsprechern, und so wie sie gekommen waren, wanderten die Gläser an die Bar zurück. Wäre jemand auf der Straße in der frischen Nachtluft gestanden, er hätte den Überdruck hören können, der aus dem „Espresso" entwich, ein hohes, scharfes Pfeifen, ähnlich dem Geräusch eines blockierten Motorradreifens.

Kaum eine halbe Stunde später fing Joe mich auf dem Weg zur Toilette ab und zog mich in die Küche, denn dort war ich vor der Polizeikontrolle sicher. Ich

Straubing 1955 Foto: Schricker

war noch keine achtzehn, aber schon zusammen mit Jack Kerouac von New York nach Frisco unterwegs gewesen und lehnte dementsprechend abgeklärt, die Hände in den Gesäßtaschen, an der Spüle. Ich bewunderte meinen Freund Walther, immer mit einem Buch neben den Lautsprechern sitzend, um allen anderen zu zeigen, wie wichtig die Verbindung von Literatur und Musik für ihn war. Ich wäre gerne so verrückt gewesen, wie der Sohn meiner Biologielehrerin, der jeden Tag zur selben Zeit im Tchibo-Café in einen Gummibaum biß. Ich hatte Sehnsucht nach einem Zimmer, das ich absperren konnte, wenn geliebter Besuch da war. Am liebsten aber wäre ich Sänger der „Fleets" gewesen, angeheizt von Harry's Stratocaster und dem harten Schlag der Snaredrum, bejubelt von den GI's und ihren Bräuten, mit einem Vertrag für das „Espresso", auf dem Sprung nach Hamburg in den „Starclub". Raus aus dem Nest, in dem meine Eltern immer Angst hatten, die Polizei würde mich nach Hause bringen und die Hauptaufgabe des Frisörs nach wie vor darin bestand, Haare abzuschneiden. Raus aus dem Mief, wo man einer im Minirock schon Bescheid gestoßen hätte, und die neugegründete Bundesliga wichtiger war als Radio Luxemburg.

Die örtlichen Bands hießen roadfunners, desperados, bedbugs, hungry eyes und unknown. Die Lautsprecheranlage eines Beat-Festivals in einem Kolpinghaus hatte maximal hundert Watt. Die Musiker kamen aus Frontenhausen, Raßbichl oder Aiterhofen. Auch wenn die meisten von ihnen unbekannt blieben, sie vertrieben ein für alle Mal Vico Torriani und Lys Assia von den Plattentellern. Sie machten den Sonntagen, an denen der Regen auf die Langeweile tropfte, ein Ende. Als das „Espresso" nach zwölf Jahren an eine neue Zeit angepaßt und in eine Diskothek umgewandelt wurde, blieben ein paar Elektrogitarren in Übungskellern zurück. Ein paar Fanclubs wollten die Zeit aufhalten, und ein paar Ehen, begonnen auf den Rückbänken von Borgwardlimousinen oder Leukoplastbombern, reihten sich in den Alltag ein. Stapel von zerkratzten 17 cm Schallplatten wurden noch eine Zeitlang gehütet, dann von einem Platz auf den anderen geschoben und wanderten irgendwann in die Mülltonnen. Harry Doyle blieb in Straubing. Er bringt heute Jugendlichen, die auch in Straubing „kids" genannt werden, in seiner Gitarrenschule bei, wie man ein kleines, weiches Plättchen in die rechte Hand zwischen Daumen und Zeigefinger nimmt und mit Mittel- und Ringfinger zupft. Offmann ist Leiter der israelitischen Kultusgemeinde von Niederbayern. Als hätte das Alter Scheu vor einem, der dem Tod vor über fünfzig Jahren schon einmal begegnet ist, hat es ihm seine blitzenden Augen und seine Lebendigkeit gelassen. Wenn an einem sonnigen Tag aus einem offenen Fenster Eddy Cochrans „Summertime Blues" zu hören ist, kann es sein, daß er auf dem Weg ins Büro für eine Weile stehen bleibt, nicht nur seines angegriffenen Herzens wegen.

Siegfried Zimmerschied

Schrei net so!

Foto: Schricker

Dulledulledulledu. Dudududu. Dudu, du.
HINTER OMA: Mei dea Bua is liab, is dea Bua liab, de Lockal, de Äugal, de Fuaßal und wia a schleckt. Du wirst amoi bestimmt a kloana dicka Koch. *(Lacht schrill und herzlich)*
TANTE MELA *(abwertend, Gouvernantenton, Fingernägel feilend)*: A Koch. Nein, der hat was von am Oberst, was adliges direkt.
VETERAN *(ungläubig)*: Des is doch koa Oberst. Der schaut jo aus wia a Weibaleid. Worum schreit denn der so?
(Das Kind pfurzt.)
HINTER OMA: Kracht, stinkt und loßt se schpazianfohn. Doch a Oberst. *(Lacht wieder wie eine Wetterhexe)*
TANTE MELA: Des mid dem Schreien, des müß ma sofort unterbinden. Wenn ma do am Anfang ned hart is, tyrannisiert oam so oana des ganze Lem.
VETERAN *(lauter)*: Sats eich ihr sicher, daß des koa Weiberleid is? Der schreit jo lauda wia zehn Negerweiba. *(Brüllt)* Der soi ned so schrein. Wo kamat ma denn do hi, wenn jeda a so schrein dad, wias eam grod paßt. Iatzt schrei ned so.
(Oma lacht wieder schrill.)
TANTE MELA *(Tagesbefehl)*: Ruhe jetzt. So, Sigi, du kommst jetzt ins Schlafzimmer, da ist es schön

Foto: Schricker

luftig, da bist allein und da darfst jetzt schrein, solang du magst. Des is gut für die Disziplin und de kleinen Lungenflügal.
Nicht weinen! Nicht weinen!
Weil wenn du mal a Generaldirektor bist und die großen Empfänge gibst, dann wirst der Tante Mela dankbar sein, daß dich jetzt a bisl abhärtet.
Und nicht weinen! Nicht weinen!

Und dann hob i gschrian. Wie ein Jochgeier. Nächtelang ham se de Lungenflügl entwickelt. I hob heid no a Volumen wia da Harald Norpoth. Weil de Weisheitn von da Tante Mela, de warn bei uns katechetisch verbindlich. Do hod's koa Widerred gebn. Erstens hod de Tante Mela ois Chefbedienung im Passauer Ratskeller am Führer amoi a Suppn higschteyd, zwoatens hod sie unerbittlich noch deutscher Kernsoafa grocha und drittens hod's ihrn Mann im Feyd lossn und des war Mitte der Fuchzger Joh' mehr ois a Adelstitel.

Du warst so treu,
du warst so gut.
Fürs Vaterland gabst du dein
junges Blut.

Ihr Lieblingssatz war „Ich bin erschüttert." Tante Mela war immer erschüttert.

1953, des war überhaupt ein deutsches Erziehungsjahr. Do san de Weichen gschteyd worn für den Rest des Jahrtausends. Da Adenauer und sei Kolonial-CDU griang 45,2 Prozent. De ostdeutschen Knechte haun an Arbeiteraufstand zam, da Ernst Reuter stirbt, „Warten auf Godot" wird uraufgeführt, im Passauer Stadttheater schpuins an „Bettelstudent", da Walter Ulbricht wird 1. ZK-Sekretär und die Tante Mela übernimmt die Erziehungshoheit in der Lederergossn.

Wer in so am Joh' geborn wird, der muaß wos ganz Großes werdn und wenn's a Arschloch is.

Und i hob meine erstn zwoa Feindbilder ghobt: Herrschsüchtige Tantn und verriegelte Schlofzimmer.

Wenn Bsuach do war, bin i ausm Bett, hob de Tür an Schpoit aufgmocht und hob de Gschichtn zuagheat. Eigroid wia a Katz hams mi oft gfundn, auf da Türschweyn vor da Küch, wenn a me zfriah packt hod, da Schlof.

Später hob i mia heimlich a Transistorradio kauft und Krimis gheat. Oisse, bloß neds Liacht ausmocha und schlofa miaßn.

Im Flüsterton.
S: Michi, schlofst du scho?
M *(verschlafen)*: Ehjaa.
S *(gibt nicht nach)*: Du Michi, wos mechatst denn du amoi wean?
M: Woaß i ned.
S: Na sog, dann sog i da's a.
M *(verschlafen)*: Wuis eh ned wissn.
S *(letzter Versuch)*: Du Michi, griagst a Zehnerl, wennst mas sogst.
M *(plötzlich wach)*: A Zehnerl!? Wos i werdn wui? A Schalterbeamter.
S: Wieso a Schalterbeamter?
M: Weil zu dem olle „Bitte" song, dann gems eam a Geyd und dann lossns'n weidaschlofa.
(Pause)
S: Michi, schlofst du scho?
M: Host no a Zehnerl?
S: Du Michi, i glaub, i war gean da Deife. Weil wenn i da Deife war, dann brauchat i ned in Himme zur Tante Mela.
M *(altklug)*: Owa Deife wennst wiast, kannst fei koa Schalterbeamter mehr werdn.

Und da Opa? Noch dreißg Joh' hob i oisse beiandghobt. Er war Maschinist in Köln, dort Kommunist, sei erste Frau samt Nebenbuhler daschossn, nach Haftentlassung nach Passau, Parteibuchnummer sieben von der NSDAP Ortsgruppe, Waffenlager hinterm großelterlichen Doppelbett, immer dort, wo wos los war.

Zletzt da Vater: Gossnbua, Hydrantnstenz, Rauhnochtwattn, Fuaßboischpuin und Bauernstum. „Domestizierter Gammler" hodn amoi jemand gnennt und wer nan meng hod, hod „Muckl“ zu eam gsogt und des warn ziemlich vui.

Schalterbeamter und Deifesgsicht,
Mondscheinprinzessin und Hagelnosn,
Hula-Hoop und Fröschaufblosn,
betn bis da Dom zambricht.

Erstkommunion und Zipfeziaga,
Judenkönig und Bettnbiesler.
Sektempfang und Haxnfiesler,
Rechtsanwalt wiad Linksobbiaga.

Ehrenbriaf und Geistesgstörda,
Schienboaschützer und Schwanensee,
Stöcklschuah mecht barfuaß geh,
Polizist und Doppemörda.

Norbert Elmar Schmid

Immer in der Weltmitte

Zu Kindheitserinnerungen niederbayerischer Schriftsteller

Vilshofen Foto: Willmerdinger

„...es ist schwer, wenn nicht unmöglich, zu entscheiden, was den Lauf eines Lebens bestimmt. Man neigt heute vielleicht mehr denn je dazu, die Kindheit zu befragen. Wie sollte sich in ihr nicht vieles finden, das hängen blieb und mit den Jahren wichtig wurde".

Orte der Kindheit: Das sind Orte der Träume und Sehnsüchte, das sind aber auch Orte düsterer Erinnerungen und Schrecken. Aufgesucht werden literarisierte Orte der Kindheit von Autoren, für die das Niederbayern südlich der Donau den biographischen Hintergrund bildet: Hans Carossa, Wilhelm Diess, Dora Dunkl, Heinrich Lautensack, Mechtilde Lichnowsky, Wolfgang Schmidbauer, Eduard Stemplinger und Hans Wimmer.

Ein geheimnisvoller Ort, den Kinder recht früh entdecken und der sie über Jahre hin fasziniert und anzieht, ist der Dachboden. Warum? Da ist zum einen der Blick aus dem Dachbodenfenster ins Weite, der den „großen" Überblick verschafft und vielleicht Anlaß bietet für frühe Überlegenheitsgefühle.

Dann ist der Speicher – oft ein verbotener Ort für Kinder – ein Paradies unerwarteter Funde aller Art, wie Wolfgang Schmidbauer in „Eine Kindheit in Niederbayern“ schreibt: „Der Passauer Dachboden war unser Alaska, wohin die Goldsucher aufbrachen“. Was kann man dort finden? Unter dem Dach des Arzthaushalts Carossas beispielsweise eine „Kiste, die mit veralteten Instrumenten gefüllt war. Messer, Scheren, schauerlich gekrümmte Zangen, Sägen, Pinzetten und Spatel steckten durch- und ineinander...“. Einen Gegenstand aus besagter Kiste schleppte der Bub Hans Carossa einmal „sehr nachdenklich gestimmt“ in die Wohnung; der Anblick des Fundes bewirkte, daß die Magd „wie ein Tier“ schrie: Zur Hinterlassenschaft eines Vorgängers seines Vaters in Kading (gemeint ist Pilsting bei Landau) gehörte ein präparierter Arm, an dem „braune, runzlige Finger, leicht gekrümmt und gespreizt“ zu sehen waren. Weiter fand sich dort ein Manuskript mit „Oden und Epoden des alten Jacobus Balde, vom frühverstorbenen Bruder der Mutter im Versmaß des Originals aus dem Lateinischen übersetzt“. Der Bub Carossa versuchte, die Handschrift des Verwandten nachzuahmen. „Durch fortgesetztes Üben brachte ichs zur größten Ähnlichkeit... die spielerisch angenommene Schreibart wollte sich später nicht mehr ausmerzen lassen; sie wuchs lebendig mit mir weiter, so daß ich sie an meiner Handschrift heute noch erkenne.“

Das Modell zu einem Perpetuum mobile, Bestandteile eines Seidenwebstuhls, Briefe an die „hochzuverehrende Frau Mutter“, alte Jahrgänge der Passauer „Donau-Zeitung“ sowie ein dickbäuchiges Buch „Agrippa von Nettesheim. Magische Werke“ entdeckte der gebürtige Plattlinger Eduard Stemplinger auf dem Dachboden; der Ort ist ihm so wichtig, daß er ihm, wie auch Carossa, ein eigenes Kapitel („Auf dem Speicher“) einräumt. Wolfgang Schmidbauer erinnert sich an diesen Ort als Refugium: „Man konnte hier ungestört lesen, in den Winkeln herumsuchen oder mit der alten Spielzeugeisenbahn spielen, die meinem Vater gehört hatte...“; er stieß dort auf „eine dicke Heiligenlegende mit großen deutschen Lettern (die ich hier lesen lernte), das Frontkämpferbuch...“

Kinder brauchen wohl solche Orte des Rückzugs,der Entdeckungen ohne Aufsicht der Erwachsenen, Orte, wo sie dem überraschenden Unbekannten begegnen können.

Viele Jahre nach der Kindheit, nach dem Tod der Eltern und Verlust des Hauses war, wie Stemplinger schreibt, „mir die Heimat verleidet; ich konnte mein Vaterhaus nicht in fremden Händen sehen, wo mir jeder Winkel, vom Keller bis zum Firste, eine Flut von Erinnerungen weckte. Aber oft träume ich in stillen Nächten...“ Der Altphilologe Stemplinger wurde bekannt durch seine Nachschöpfungen literarischer Vorlagen in Mundart („Horaz in der Lederhos'n“), bis heute populär ist sein immer wieder aufgelegter „Immerwährender Kalender“.

„Es kann für einen Menschen, der älter wird, sehr beruhigend sein, seinen frühesten Spuren nachzugehen, sie geduldig zu suchen und mit einem Anschein von Redlichkeit zu bestimmen. Es wird ihm die Überzeugung geben, daß alles so kommen mußte, wie es kam, und wenn er sich das sagen kann, hat er sich weniger vorzuwerfen“.

Ein anderer wichtiger Ort der Kindheit ist der Garten. „Von den ersten hellen Märztagen an verbrachten wir alle halbwegs heiteren freien Stunden im Garten... Unter dem Gartenhimmel war die Mutter ein anderes Wesen... Später lehrte sie mich die Pflänzchen auseinanderkennen“, erinnert sich Hans Carossa, und so ausführlich und genau beschreibt er den Garten seiner Kinderzeit, daß man ihn mühelos rekonstruieren könnte.

Zur Belohnung für fleißige Mitarbeit bekommt er „ein Stückchen Land angewiesen, darauf durfte ich bauen, was mir beliebte“. Allerdings lernt er im Garten eine neue Seite seiner Mutter, vielleicht der Erwachsenen im allgemeinen kennen: „Der strikte Befehl, alle Schädlinge zu töten, brachte manche Verlegenheit“; auch lernt er „gute“ Gewächse von Unkräutern zu unterscheiden. Beginnt so der Verlust

Am Vilsufer Foto: Willmerdinger

kindlicher Unschuld? Jedenfalls: „... die frühe Unbefangenheit gegenüber den Geschöpfen war getrübt." Dabei haben ihn diese Unkräuter „an die Palmen des Morgenlandes (gemahnt), wie sie in der Schulbibel abgebildet waren". Ebenfalls phantasiereich ausgemalt und überhöhend erinnert sich Schmidbauer an „Gärten am Donauufer, die wie altägyptische Pflanzungen von den Überschwemmungen mit Schlamm befruchtet wurden".

Im Rottal aufgewachsen ist Mechtilde Lichnowsky, geborene Arco-Zinneberg; ihre Kindheitserinnerungen geben einen Einblick in die Welt des niederbayerischen Adels des späten 19. Jahrhunderts. Ihr Alter ego Christiane in „Kindheit. Roman" hat, unbeschwerter und heiterer als Carossa, im Garten drei Städte gegründet: „Schattenheim, Nesselfelden und Distelhofen". Sie interessiert sich mehr für die Tiere, sie beobachtet sie genau und versorgt sie: „Die Bewohner waren Igel, Mäuse, Hummeln, Eidechsen, je nach Lage." Und sie dekretiert: „Hunde sind Brüder, Katzen und alle fangbaren Tiere im Wald Schwestern. Aber das Pferd ist göttlich..."

Dem hätte der Bildhauer Hans Wimmer sicher zugestimmt. Überraschend beschreibt er die Freuden des Sauhütens, doch besonders genau seine Aufenthalte in der Schmiede, stolz, daß „der wortkarge, rußige Nachkomme des Hephaistos das Wort an mich richtete". Liegt hier der Ausgangspunkt, der Wimmer später seine berühmten Rösser (man kann heute welche in Pfarrkirchen, Passau oder München bewundern) modellieren ließ?

„Ach! Auf dem Exerzierplatz/ drunten beginnt ja die Dult/ mit ihren Kauf- und Schaubuden/ und Bierhütten – Gambrinus zum Kult./ Vom Riesen-Wanderkino/ die Orgel stromüber braust,/ und mit schier menschlicher Stimme/ singt eben Gounods Faust..." Die Begeisterung des in Vilshofen geborenen Heinrich Lautensack für das Volksfest („Passauer Impression") werden wohl nur Kinder des Prä-Televisions-Zeitalters nachvollziehen, wie etwa Dora Dunkl, die als „Kind den ganzen Tag hinter dem Zaun steht und auf die Zeltdächer starrt und auf den glitzernden Aufbau einer Schiffsschaukel... am nächsten Morgen steht es wieder am Zaun." Für die Deggendorfer Arzttochter gibt es auch in der „Zeit der Lebensmittelkarten" an Markttagen „manche süße Tafel Schokolade, mit rosafarbener oder giftgrüner Füllung, künstlich gesüßt oder gefärbt" oder „jene Gummischlangen, die es an Marktständen zu kaufen gab, man konnte sie mit den Zähnen festhalten, langziehen und dann in den Mund schnellen... lassen, um sie genüßlich längere Zeit zu kauen und am Gaumen zu spüren, wie ihre Festigkeit allmählich zerging." Nicht überraschend, daß ihre Mutter und die Köchin („in ihrer Köchinnenehre gekränkt") diese Schlangen verabscheuten und sie „ungesund und ordinär" fanden.

„Die Auswahl, die die Erinnerung für ihn trifft,
ist von dem bestimmt, was er nun ist, und es ließe sich
sehr wohl denken, daß derselbe Mensch, wenn sein
Leben als Erwachsener anders verlaufen wäre,
auch eine andere Kindheit in sich fände.
Ich glaube, daß es eher auf etwas Späteres ankommt,
etwas, das akuter und zentraler zugleich ist."

Den religiösen Grundakkord gibt im Niederbayern der Kindheitserinnerungen die Kirche, der Katholizismus an, mit Barockkirchen, von der Fremdenverkehrswerbung gerne mit dem Adjektiv „jubelnd" geschmückt. Rückschauend wird die Kindheit markiert durch die Feste des Kirchenjahres, bei Stemplinger z.B. durch Wallfahrten, etwa nach Mettenbuch bei Deggendorf, wo im letzten Jahrhundert Maria Kindern erschienen sein soll, oder Erzählungen von den Oberammergauer Passionsspielen. Am ungebrochensten umgibt Heinrich Lautensack seine religiösen Reminiszenzen mit dem Glorienschein der Verklärung, kein Wunder, daß er sein Buch „Altbayerische Bilderbogen" nach den kirchlichen Festen im Jahreskreis gliedert. Das mag besonders verwundern bei einem Autor, dessen Berühmtheit auf Theaterstücken wie „Das Gelübde" (Ort der Handlung „Batau") und die unverkennbar in Niederbayern ange-

Vilshofen,
Stadtturm
Foto: Willmerdinger

siedelte „Pfarrhauskomödie“ beruht, Stücken mit deutlich antiklerikaler Tendenz.

Erste Beichte und Kommunion sind in der Kindheit einschneidende Ereignisse, die Carossa und Schmidbauer ausführlich darstellen. „Anfangs freilich suchte ich der Sache zu entkommen, indem ich behauptete, ich könne mich durchaus an keine Sünde erinnern, wüßte auch bestimmt, daß der liebe Gott mir alle längst verziehen habe; bald aber, aufgeschreckt von mütterlichen und priesterlichen Zurufen, verfiel ich ins Gegenteil, da mir die Mutter mein Gewissen erforschen half... Immer emsiger suchte ich nach begangenen Freveln und verzeichnete jeden Fund mit der Genugtuung des Sammlers, der Insekten fängt und aufspießt“, schreibt Carossa. Trotz der Erleichterung nach dem ersten Mal „ging ich künftig der Beichte aus dem Weg, so gut es die Wachsamkeit der Erzieher zuließ.“

Auch Schmidbauer – bezeichnenderweise am Ende seines Buchs „Eine Kindheit in Niederbayern“ – verarbeitet das Thema in einem umfangreichen Kapitel, das eine ausführliche „Sündengliederung“ enthält, wie sie im Kommunionunterricht vermittelt wurde („Es hieß sogar, ich hätte ihn durch meine Sünden ans Kreuz gebracht und müßte darüber nun Reue empfinden“). Fazit zur Beichte: „Ich wollte schnell fertig werden“. Und: „Die Kommunion war angenehmer als die Beichte“ trotz der „lästig klebende(n) Hostie“.

Dem Stegreiferzähler Wilhelm Diess bleibt ein ältlicher Junggeselle Josef aus seiner Kindheit erinnerlich, der am Beichttag „sich ernst die Donnerworte angehört (hat), mit denen der Pfarrer die männliche Jugend vor den Lastern und den Anfechtungen des Teufels gewarnt hat... Und einmal kommt er wieder von der Osterbeichte heim...“ und ertränkt sich in der Rott. Niemand wußte, warum.

Die in Deggendorf aufgewachsene, später in Oberösterreich lebende Lyrikerin und Erzählerin Dora Dunkl erinnert sich an den „steinernen Aufbau, der einem großen Käfig glich und mich anzog, wie die Buden am Jahrmarkt“. In der Grabkirche ihrer Heimatstadt befand sich damals noch die Darstellung der angeblich durch Juden begangenen Hostienschändung, jahrhundertelang der Anlaß für die – inzwischen abgeschaffte – „Gnad-Wallfahrt“ in Deggendorf: „Deshalb, weil ich auf so unheilige Weise vom Inhalt des Käfigs angezogen wurde, fühlte ich mich immer etwas schuldbewußt, wenn ich gierig in das Halbdunkel des Käfigs starrte, in dem zwei lebensgroße Männer aus Stein mit erhobenem Hammer auf Hostien schlagen wollten, die auf einem Amboß lagen. Die Männer endeten mit dem Oberkörper und waren bemalt, auf einigen der Hostien stand ein kleines Jesuskind und streckte die Arme aus.“

„Der entscheidende, der eigentlich aufschlußreiche Moment im Leben eines Menschen ist der, in dem die disparaten Elemente, die er in sich trägt, die zerstreut und unverbunden in ihm herumliegen, plötzlich zu einem unsichtbaren Kristall zusammenschießen, der nie mehr aufzulösen ist, von dessen harter, spürbarer, ja vielleicht schmerzlicher Form alles bestimmt sein wird, was er je unternimmt. Von diesem inneren Kristall wird er sich nie mehr befreien können, und ob er durch ihn scheitert oder ihm schließlich entspricht, wird sich erst sehr spät, manchmal sogar erst lange nach seinem Tode erweisen, nämlich dann, wenn Sinn oder Unsinn seines Werkes anderen aufgeht.“

Wir kommen zum letzten anziehenden Ort der Kindheit, dem Fluß. Für alle unsere Autoren spielt ein Fluß, spielen mehrere Flüsse eine eminent wichtige Rolle, entsprechend breit durchfließen sie die Kindheitserinnerungen. Kindheit am Fluß könnte man fast alle Erinnerungen überschreiben. Vielleicht erklärt sich die wichtige Rolle der Flüsse aus dem Fehlen markanterer Erhebungen im Niederbayern südlich der Donau; die höchste, der Schellenberg bei Simbach, erreicht kaum mehr als 500 Meter.

Zu Beginn seines Büchleins „Niederbayerische Kindheit und Jugend“ schreibt Hans Wimmer: „Der hügelige Teil Niederbayerns zeigt eine vulkanische Formation. Heute bohren sie dort nach Öl und hei-

Foto: Willmerdinger

ßen Wasserquellen. Er wird durchzogen von einem Flüßchen, das ein mildes Moorwasser mit sich führt, die Rott. Sie nimmt ihren Anfang noch im Oberbayerischen, fließt durch Niederbayern von Westen nach Osten, bis sie kurz vor der österreichischen Grenze sich in den Inn ergießt, der bei Passau in die Donau mündet. Das ist das Rottal. (Manche meinen, der Name Rottal leite sich her von Roßtal.) Die Höhen, die in sanften Zügen den Flußlauf begleiten, sind bewaldet, das übrige Land ist ein einziges Getreidefeld..."

Der Fluß, das ist ein Ort der Abenteuer, zu jeder Jahreszeit. „Die Altwässer erstarrten im Frost... Das Eis belebte die Flüsse... So träumte ich, auf meinem Granitpfeiler durch das Eismeer zu fahren, dem Pol entgegen", schwärmt Schmidbauer. Im Sommer faszinieren die Donauseilfähren, dann das Angeln, das ein regelrechtes Jagdfieber auslöst, und natürlich das Baden: „Eine große Freude für die Kinder war es, in einem braunfließenden Nebenfluß zu baden", gemeint ist hier bei Mechtilde Lichnowsky die Rott. Auch der Erzähler Wilhelm Diess, der spätere Generaldirektor der Bayerischen Staatstheater und Honorarprofessor für Urheber- und Erfinderrecht, ist an der Rott („ein spielerisches, dunkeläugiges Flüßchen") aufgewachsen: „Zwischen Donau und Inn, wo sie sich schon sehr genähert haben, treibt sich im Zwischengelände ein kokettes, launisches, äußerst charmantes und liebenswertes Flüßchen herum, die Rott, die unweit Schärding sich in die Arme des Inn schmeichelt. Dort liegt die Heimat, von der ich rede." Flußlandschaft als Heimatlandschaft.

Heinrich Lautensack dagegen geht es nicht um wirklichkeitsgetreue Beschreibung, wenn er sein Verhältnis zur Donau („...der mächtige Donaufluß, einem hallend atmenden Tier gleich hingelagert in seinem beständig aufgewühlten Bett"), vielleicht allzu übertrieben, ins Mythische steigert: „Der Donaufluß, mein Pflegevater und – ich: das war mir in jenen gehobenen Augenblicken eine Dreiheit, eine hohe, mystische, der ich selber etwas aufopfern zu müssen wähnte". Welchen Wahrheitsanspruch darf man an Erinnerungen, speziell Kindheitserinnerungen stellen?

Wichtig wie für den Regensburger Britting, der seine Kindheit in der „kleinen Welt am Strom" verbringt, ist auch für Carossa die Donau ein Leben lang geblieben; der „große fließende Magnet", wird er von ihm in einer Kapitelüberschrift der „Verwandlungen einer Jugend", dem zweiten Band seiner Erinnerungen, genannt.

Dem jüngsten der hier vertretenen Autoren, dem 1941 geborenen Wolfgang Schmidbauer, ist es vorbehalten, die ökologischen Veränderungen der heimischen Flußlandschaften zu thematisieren. Der Psychoanalytiker und zeitkritische Sachbuchautor („Die hilflosen Helfer") verbrachte seine Kindheit dort, wo der Inn nach Niederbayern eintritt, und dort, wo er in die Donau mündet. Seine Rückkehr an die Orte seiner Kindheit Jahrzehnte danach ist desillusionierend: „1945 konnten wir noch in allen Flüssen baden, Donau, Ilz und Inn... Der Inn schien uns ein wilder Fluß. Heute lähmt ihn eine Staustufe bei Simbach. Die Landschaft meiner Kindheit liegt tief unter Wasser". Stark verändert haben sich auch die Bäche: „Es gab nichts mehr zu entdecken am Türkenbach. Er war langweilig, stumm, immer gleich tief und schmutzig. Daß alles klare Wasser verschwunden war, traf mich am meisten... Die Ufer waren eintönig geworden".

Der letzte Satz von Mechtilde Lichnowskys „Kindheit" lautet: „Noch ein Schritt, ein Sprung, und die Kindheit, dieser unfreiwillige Zustand, ist überwunden, wie damals, als Christiane, fünf Jahre alt, an ihrem Geburtstag sagte: „Endlich fünf, nicht mehr diese dumme vier!" Die Kindheit endet, verschwindet oft recht einschneidend und brüsk mit dem Übertritt ans Gymnasium; das bedeutete damals in der Regel, daß man die kleine, überschaubare Welt des Dorfes verlassen und in eine größere Stadt – Landshut, Passau, Straubing, Regensburg – umziehen mußte, meist in ein strenges Internat, denn „Dorfgymnasien" gab es damals noch nicht. Damit beginnt ein für viele begabte Kinder aus ländlichen Gebieten typischer

Entwurzelungsprozeß, der für sie in der Regel nach Abitur und Studium eine Berufstätigkeit im Raum ihrer Kindheit ausschließt. (Von den betrachteten Autoren ist nur Carossa geblieben bzw. zurückgekehrt.)

Viel mehr als der Eintritt in die Schule wird der Übertritt ans Gymnasium zur Tragödie für manche. Diess und Carossa versuchten, dem Internat zu entkommen. Diess war über eine solche „grausame und unbegreifliche Verwandlung der Welt... zutiefst erschrocken", ähnlich Carossa (in „Verwandlungen einer Jugend"). Leicht dagegen scheint der sicher in vielerlei Hinsicht weltläufigsten der hier betrachteten Schriftsteller, Mechtilde Lichnowsky, der Wechsel ins Internat einer Klosterschule in Vorarlberg gefallen zu sein; sie sollte viel im Ausland leben, und ihre Kindheitserinnerungen hat sie in ihrer Sommervilla an der Côte d' Azur vollendet. Der Roman ihrer Kindheit auf „Beaucastel", dem Schloß Schönburg im Rottal, hinterläßt nicht, wie manche Passagen bei den anderen Autoren, einen Eindruck von Biederkeit und Enge. Für sie gilt am ehesten Hans Carossas Diktum: „Immer in der Weltmitte fühlt sich das Kind", und sie hat am subtilsten und differenziertesten die kindliche Welt beschrieben und ausgestaltet.

Enden wir mit Schmidbauer: „Die Erinnerung ist eine Schatzkammer, in der unter Staub und dem gefallenen Laub vieler Jahre genau das liegt, was wir gegenwärtig brauchen. Vorausgesetzt, wir finden es... Selbst die Trauer, die viele dieser Erinnerungen begleitet, ist mir wertvoll."

Heinrich Lautensack: Altbayerische Bilderbogen (erstmals erschienen 1920); Hans Carossa: Eine Kindheit (1922); Eduard Stemplinger: Jugend in Altbayern (1932); Mechtilde Lichnowsky: Kindheit (1934); Wilhelm Diess: Die Heimat, von der ich rede (1959); Dora Dunkl: Fortdauer der Erinnerung (1972); Hans Wimmer: Niederbayerische Kindheit und Jugend (1982); Wolfgang Schmidbauer: Eine Kindheit in Niederbayern (1987)

Die kursiv eingefügten Zitate stammen aus:

Elias Canetti: Unsichtbarer Kristall. Aus der Rede bei der Verleihung des Großen Österreichischen Staatspreises am 25. Jänner 1968. In: Wortmasken. Texte zu Leben und Werk von Elias Canetti, München/Wien 1995, S. 119 ff.

Foto: Schricker

Günter Eich

Geisenhausen

Das Gras auf dem Turmgesimse erzittert im Glockenschlag.
Die Flügel der Dohlen teilen
den Himmel mir und den Tag.
So werden Glocken und Vögel
mein Raum und meine Zeit.
Das Ochsengespann in der Tiefe
zieht Holz in die Ewigkeit.
Der Zeiger der Turmuhr läuft schneller
unter dem Dohlengewicht.
Die Vögel über den Dächern
fürchten kein Gericht.

Jutta Sandmaier

Der Oberdada J. Baader in Landau

Johannes Baader mit seiner Braut Anna Oehmichen, 1903 Foto: B. Baader

Auf einen Landkartenausschnitt, der die Alpen zeigt, ist in großen Buchstaben „hit! hitler! am hitlersten!“ geklebt. Diese Collage fertigte der Dadaist Johannes Baader 1945 zu Landau an der Isar. Die Kunst- und Literaturrichtung Dadaismus gab es jedoch offiziell von 1916 bis 1924 und nur in Großstädten wie Zürich und Berlin. Wie kam dieser damals wie heute unbeachtete Spätausläufer des Dadaismus ins niederbayerische Landau?

Johannes Baader hatte bei der Bombardierung Hamburgs sein Zuhause verloren und wurde mit vielen anderen Evakuierten am 11. August 1943 in den Zug nach Landau gesteckt. Dort wurde ihm in der Fleischgasse im Haus Nr. 288 (nach der damaligen Zählung) ein Zimmer zugeteilt. Er war damals bereits 68 Jahre alt und hatte ein bewegtes Leben hinter sich.

Als ältestes von 12 Kindern wurde Baader am 21. Juni 1875 in Stuttgart geboren. Sein Vater war Hofspenglermeister. Nach dem Abitur ließ er sich zum Architekten ausbilden und spezialisierte sich ausgerechnet auf Grabmäler. Er gab diesen Beruf jedoch bereits 1914 auf und litt deshalb ab da immer wieder unter großer Geldnot.

Baader wurde im ersten Weltkrieg nur kurzzeitig zu einem Hilfstrupp nach Flandern einberufen, da mit einem gegen Kaiser und Militär dermaßen ungehorsamen Soldaten nichts anzufangen war. So schrieb er beispielsweise an Prinz Friedrich Wilhelm: „Ich befehle ihm [d. i. Kaiser Wilhelm II], unmittelbar jede kriegerische Unternehmung zu unterlassen und Friedensverhandlungen unter meiner Leitung einzuleiten." Daraufhin wurde er für geisteskrank erklärt.

1905 war Baader nach Berlin gegangen und von Anfang an einer der führenden Köpfe der dortigen Dada-Bewegung gewesen. Dada – allein der Name ist Programm: Das Wort bedeutet in der französischen Kindersprache „Pferdchen" und im Russischen „jaja". Die Dadaisten liebten derartige Lautmalereien und Sprachspiele und vor allem den Unsinn, den sie zur Kunstform erhoben und in den Dienst der Gesellschaftskritik stellten.

Als damals über Vierzigjähriger war Baader der Senior unter den Dadaisten. Vielleicht wurde er deshalb von seinem Dada-Kollegen Raoul Hausmann 1918 zum „Präsidenten des Club Dada" ernannt, woraufhin er sich selber den Titel „Oberdada" gab, den er mit anderen Titeln wie „Präsident des Erd- und Weltballs" oder „Leiter des Weltgerichts" stolz auf seine Visitenkarte drucken ließ. Außerdem soll Baader der einzige von Geburt an begnadete Dadaist gewesen sein, da die Kunstmittel des Dadaismus wie Größenwahn und Verrücktheiten Teil seines Wesens waren. Andererseits war er deshalb auch immer wieder in verschiedenen psychiatrischen Kliniken. So verrückt kann der Oberdada aber auch wieder nicht gewesen sein, denn es zeugt wohl von nüchterner Klugheit, sich dem Kriegsdienst zu entziehen und somit auch der Kriegsversehrtheit oder dem Heldentod zu entgehen.

Von seinen vielen dadaistischen Aktionen in Berlin seien nur die zwei spektakulärsten erwähnt. Im November 1918 rief er während einer Predigt im Berliner Dom laut in die verdutzte Gemeinde: „Einen Augenblick! Ich frage Sie, was ist Ihnen Jesus Christus?" Für den nun folgenden Wortlaut geben drei von Baaders dadaistischen Freunden jeweils verschiedene Versionen an: „Er ist Ihnen Wurst!" (Raoul Hausmann), „Ihnen Wurstsemmel, Herr Pastor!" (Walter Mehring), „Christus ist mir wurscht!" (Hans Richter). Die „Deutsche Zeitung" dagegen berichtete am 18.11.1918: „Zwischenfall im Dom. Als gestern Oberhofprediger D.V. Dryander im Dom den Gottesdienst abhielt, unterbrach ihn ein besser gekleideter Herr mittlerer Jahre und hielt von der Empore herab eine Ansprache, die mit den Worten schloß: ‚Jesus Christus ist uns Wurst.' Pfuirufe ertönten, viele Frauen brachen in Tränen aus, der Geistliche barg das Gesicht in Händen. Die Gemeinde stimmte aber sofort in den Choral ein ‚Eine feste Burg ist unser Gott!'." Wie dem auch sei, die Anklage wegen Gotteslästerung wurde gleich wieder fallengelassen, da aus dem Manuskript, das Baader bei sich trug, hervorging, daß seine Rede zum Ziel hatte, die Gemeinde anzuklagen, daß sie sich nicht um die christlichen Gebote kümmere. Ein Jahr später warf Baader in der frisch gewählten Weimarer Nationalversammlung das Flugblatt „Die grüne Leiche" ab. Auch diesmal kam er ungeschoren davon, da die von ihm mitgeführten und an ihn adressierten Briefe von hohen Staatsmännern anscheinend in dieser Sache als Freibriefe angesehen wurden.

Nichts und niemand war vor dem Spott der Dadaisten sicher. Baader mokierte sich beispielsweise über die Sensationsgier der Medien und stellte sie zugleich in den Dienst seiner Person und der Dada-Bewegung, indem er am 1. April 1919 seinen eigenen Tod in der Presse bekanntgab und ab da eine neue Zeitrechnung begann, die er jedoch selber nicht konsequent einhielt. Außerdem ernannte er den SPD-Politiker Philipp Scheidemann, damals Reichstagsabgeordneter, öffentlich zum Ehren-Dada und meldete den angeblichen Verlust von 357 Geheimakten des Dadaismus, die zwar im Bombenhagel in Hamburg tatsächlich verbrannt waren, deren Rekonstruktionsversuche aber erst vor wenigen Jahren in seinem Nachlaß im Literaturarchiv Marbach bei Stuttgart entdeckt wurden.

Zu Baaders Hauptwerken gehören das „DADACO“, der dadaistische Weltatlas, bestehend aus Tausenden von Zeitungsseiten, sowie das „HADO“, das „Handbuch des Oberdada“, ebenfalls ein Werk auf Basis der bei den Dadaisten so beliebten Collagetechnik. Außerdem war er als Mitherausgeber an der Zeitschrift „dada“, an einer Dada-Tournee und der „Ersten internationalen Dadamesse“ in Berlin beteiligt.

1924 floh er nach Hamburg, da ihn die Berliner Behörden in ein Arbeitslager stecken wollten. Dort arbeitete er bis 1930 bei den „Bremer Nachrichten“ und bemerkenswerterweise auch bei einer konservativen Zeitung, dem „Hamburger Correspondenten“. Wie bereits erwähnt, wurde er, der Großstädter, aufgrund der Bombardierung Hamburgs 1943 urplötzlich nach Landau umquartiert, wo er bis 1949 lebte, zunächst mitten in der Stadt in der Fleischgasse, später im heute noch existierenden „Gasthof zum scharfen Eck“ beim Sebastianiplatz. Dort hatte er jedoch keine Mitbewohnerinnen, die sich um ihn gekümmert hätten. Deshalb wurde er bald ins Altersheim in Adldorf bei Landau eingewiesen, das sich damals in einem Trakt des Schlosses des Grafen Arco befand. Dort starb er, von der Welt vergessen, am 14. Januar 1955. Der Kontakt zu seinen ehemaligen Dada-Mitstreitern war trotz Baaders Bemühungen abgebrochen. Zum Teil erfuhren sie nicht einmal sein genaues Todesdatum.

Aus einem Brief von Paula Garkisch, einer Mitbewohnerin im Altenheim, an eine Schwester von Baader anläßlich dessen Todes geht hervor, daß der Oberdada an den Folgen zweier Schlaganfälle starb. Er soll jedoch bis kurz vor seinem Tod bei relativ guter Gesundheit gewesen sein. Frau Garkisch berichtet von Halma-Partien und gemeinsamem Rätsellösen und daß Baader seinen Wissensdurst mit dem vom Heim neu erworbenen Fernseher zu stillen versuchte. Weiterhin beschreibt sie den Oberdada als „guten, verträglichen Menschen, immer und mit allem zufrieden“. Er fehle ihr sehr, da sie ihm „bei seinem umfassenden Wissen viel geistige Anregung“ verdanke. Das Begräbnis auf dem gräflichen Friedhof von Adldorf sei von „schwersten Schneestürmen und Glatteis“ begleitet gewesen, und die „Landauer Zeitung“ habe mit einer „schönen Notiz über seinen Heimgang“ berichtet. Sein Name steht übrigens heute nicht auf dem Gemeinschaftsgrabstein des ehemaligen Altersheims. Eine Erklärung hierfür wäre der Kirchenaustritt des Protestanten Baader, denn auf seiner „Personenregisterkarte“ des Einwohnermeldeamts Landau ist in der Spalte „Glaubensbekenntnis“ „ggl.“ für „gottgläubig“ vermerkt, eine damals gebräuchliche Bezeichnung für „keiner Glaubensgemeinschaft angehörig“.

Erst seit 1977 ist die Literaturwissenschaft auf Baaders Spuren. Fast sämtliche seitdem veröffentlichte Schriften von ihm oder über ihn sind von dem Dada-Experten und Literaturprofessor Karl Riha allein oder unter seiner Federführung herausgegeben worden.

Baader war im niederbayerischen Exil weiterhin schriftstellerisch tätig. Er schrieb viele Briefe, die er jedoch meist nicht abschickte. Unter den Adressaten war zum Beispiel Hitler („Lieber Hitler!“), bei dem er sich im September 1943 beschweren wollte, daß der Dadaismus verboten war, und das Nachrichtenmagazin „Der Spiegel“, dem er im Oktober 1953 eine kurze Einführung in den Dadaismus geben wollte. Er verfaßte Gedichte, kurze und längere Schriftstükke, entwarf Collagen, skizzierte wieder Entwürfe von Grabdenkmälern, sammelte Zeitungsartikel zu den verschiedensten Themen und versuchte immer wieder vergeblich, einen Verleger für seine Werke zu finden. Schließlich griff er zur Eigeninitiative und brachte zwei Schriften, nämlich die Stadtgeschichte „Landau – die Hügelstadt an der Isar“ sowie die postdadaistische und kosmische Schrift „Der Stern Erde und das Atomzeitalter“ 1948 im Eigenverlag heraus, jeweils gedruckt von der M. Wälischmillerschen Buchdruckerei in Dingolfing.

Andere in der Landauer Zeit entstandene Schriften wie „Das Oberdada – Die Geschichte einer Bewegung von Zürich bis Zürich“ (1945) und „Weltgericht Nürnberg“ (1946) wurden erst 1987 bzw. 1993 von Karl Riha publiziert. In „Weltgericht Nürn-

Johannes Baader,
Aufnahme ca. 1944
Foto: Sichart

berg" nahm Baader die Nürnberger Prozesse zum Anlaß, um sich kritisch mit dem Nationalsozialismus auseinanderzusetzen, wobei er wiederum seine kosmischen Phantasien mit einbrachte.

Die 13 Seiten umfassende Stadtgeschichte „Landau – die Hügelstadt an der Isar" besteht trotz mehrmaliger Bearbeitungen nur aus Versatzstücken anderer Abhandlungen über Landau, die der Oberdada mit mehr oder weniger passenden Kommentaren versah. Zum Schluß gar bringt er Landau – wie könnte es anders sein – mit seiner Vorliebe für Astronomie und Astrologie in Verbindung: „Und der gesamte Strom der Milchstraße mit dem hohen Mal ihrer Mitte strahlt nicht nur über den Hügeln der niederbayerischen Stadt Landau, sondern über ganz Deutschland und über die ganze Welt mit allen ihren Vereinten Nationen. Und so soll es auch weiter sein, für alle Ewigkeit." In diesem Zusammenhang ist auch die Schrift „Die Landauer Sterne" zu sehen, zu der eine gleichnamige Zeichnung vom 20.07.1945 gehört. Am 26. September 1913 will Baader die Milchstraße als „Denkmal des Weltfriedens und der Weltverbundenheit in aller Vereinzelung und in allem Kampf und Streit" erlebt haben, was ihn in seinem Sendungsbewußtsein bestärkte. Dieses Ereignis soll sich am 28. August 1946 „vom rechten Isardamm aus, zwischen der großen Straßenbrücke und dem Steg über dem Mühlbach an der Höckinger Straße zwischen 22 und 22.30 Uhr" wiederholt haben.

Im April 1946 erstellte Baader einen mehrseitigen Bericht über das Kriegsende in Landau, in dem er sich um Objektivität und Genauigkeit bemüht. Diese Schrift kann heute als aufschlußreiches historisches Dokument angesehen werden.

Er schrieb auch persönlich gewidmete Gedichte für die Enkelin seiner Hausherrin, als Dank, wenn sie wieder einmal sein Zimmer in Ordnung gebracht hatte. Diese Gedichte begannen konventionell und verloren sich stets in dadaistischen Höhenflügen.

Und er, der Nazi-Gegner, half dem Mädchen auch beim Verfassen von Berichten über Nazi-Veranstaltungen, so groß war sein Drang nach schriftstellerischer Betätigung. Ein im November 1933 geschriebenes Gedicht wies Baader übrigens noch als Nazi-Anhänger aus, der in Hitler den Verkünder der christlichen Heilslehre sah. Baader war jedoch einer der wenigen, die „Mein Kampf" nicht nur im Bücher-

Johannes Baader (li.) bei einem Spaziergang mit Herrn Knorrch, vermutlich einem Mitbewohner des Altenheims Adldorf, ca. 1948 Foto: B. Baader

schrank stehen hatten, sondern von vorn bis hinten lasen. Spätestens auf Seite 283 gingen ihm die Augen auf, wo Hitler den Kubismus und den Dadaismus als „krankhafte Auswüchse“ bezeichnet.

Baaders schöpferische Phasen waren stets nachts. Er schrieb meist bei Kerzenlicht, weil nach dem Krieg um 21 Uhr der Strom abgestellt wurde. Seine Mitbewohner hatten Angst, daß der alte Mann einmal bei brennender Kerze einschlafen und so das Haus abbrennen würde. Noch mehr Angst hatten sie aber während des Krieges, da der Dadaismus ja verboten war und Baader als weiterhin aktiver Dadaist und zudem als gelegentlicher Patient von Nervenkliniken in zweifacher Hinsicht ein potentielles Opfer der Nazis war. In der von den Nationalsozialisten zusammengestellten Wanderausstellung „Entartete Kunst“ war auch den Collagen und Schriftstücken des Dadaismus eine Ecke eingeräumt worden. Es ist wohl Zufall, daß keine Werke von Baader dabei waren.

Baader suchte in den ersten Jahren in Landau ständig nach einer Aufgabe. Schließlich wollte ihn der Landrat Konrad Kübler als Flüchtlingsbeauftragten einsetzen, was aber doch nicht geschah.

Anläßlich des 100. Geburtstages seines Vaters im Jahre 1948 hatte der Oberdada eine Familienchronik zusammengestellt und in Stuttgart ein großes Familienfest organisiert, obwohl er, der Bohème, nicht fürs Familienleben geschaffen war. Er verschwieg in Landau seine Ehefrau Anna Oehmichen, die aus Trautenberg in der Oberpfalz stammte und die er 1903 geheiratet hatte, sowie seine vier Kinder. Sein Sohn Hans schreibt in einem Brief an Professor Riha, daß die Familie „schwer unter der Eigenart des Vaters zu leiden“ hatte, vor allem, da er ab 1914 nicht mehr als Architekt arbeitete und so die Familie nicht mehr ernähren konnte. Trotzdem charakterisiert Hans Baader seinen Vater als „überaus liebenswürdigen charmanten Menschen“, von „allen Freunden geschätzt, und auch wir Kinder mochten ihn sehr gern“. Seine Frau starb 1920 an Schwindsucht. Baader machte in der Grabrede nicht sich, sondern die Gesellschaft dafür verantwortlich.

Der Dadaist Baader scheint sich in Landau nur mehr als Schriftsteller und nicht mehr als Aktionist betätigt zu haben. Jedenfalls ist nicht bekannt, daß er in Anlehnung an seine Aktionen in der Berliner Zeit eine Predigt in der Stadtpfarrkirche oder eine Sitzung des Stadtrates gestört hätte. Aber es gab andere Gründe, die ihn zu einem einsamen Mann werden ließen. Während er nach dem Brief von Frau Garkisch im Altenheim beliebt war, scheint das in Landau nicht der Fall gewesen zu sein. Niemand konnte oder wollte seinen dadaistischen und kosmischen Ausführungen folgen, sein Mitteilungsbedürfnis war lästig, ebenso sein notorisches Schuldenmachen. Er trug zwar stets Schlips und hatte immer seine Aktentasche mit Manuskripten bei sich, ansonsten hielt er von so bürgerlichen Tugenden wie Reinheit und Ordnung nichts, so daß dies für die Landauer ein weiterer Grund war, ihm aus dem Weg zu gehen. Trotzdem fand Baader in seiner überschwenglichen Art für Landau nur lobende Worte, so endet das Gedicht „Kleine Verschen auf Landau“ vom Herbst 1943: „Landau an der Isar Auen / Ist des Himmels liebste Stell' / Wer's nicht glaubt kommt in die Höll!“.

Und in einer Tischrede, „gehalten am Sonntag, dem 3. Dezember 1944 in der Umquartierten-Gemeinschaftsküche zu Landau an der Isar“, spricht er von der „Isarstadt, die uns alle so fein und lieblich aufgenommen hat.“

Es wäre ein Leichtes für die Stadt Landau, ihren Bürger Baader, der zeitlebens darunter litt, daß er keine Anerkennung als Schriftsteller fand, endlich zu Ehren kommen zu lassen: bei der „Baderallee“ in der Unteren Stadt müßte nur ein zweites „a“ eingefügt werden.

Sophie Behr

Die Kreativen überschwemmen die Pampa

Foto: v. Gagern

Breit liegt das Land zwischen Isar und Vils, Rott und Inn. Ein Land von ZuwanderInnen und DurchwanderInnen von alters her. Fetter Ackerboden, freundliches, relativ stabiles Klima, gemächlicher Wohlstand auf – oft Öd geheißenen – Vierseithöfen, die heute allenfalls durch Überkultivierung öde wirken. Hügelige Landschaft, selten platt, selten aufsehenerregend schön, weitgehend entwaldet – wegen des hohen Bodenwerts.

Viele Junge fliehen – wie überall – das Land, viele Dableibende bauen sich neue Häuser neben ihren alten Höfen. Das alles kommt großstadtmüden Zuwanderern und Zweitwohnsitzgründern entgegen – und zumal sehr vielen Münchnern, hier „Isarpreiß'n" genannt, deren Finanzen für Oberbayern nicht ausreichen. Manchem gerät Niederbayern so zu einer Liebe, erst auf den zweiten Blick – einfacher als Oberbayern, „nicht so viele Geranien". Das Wort von der

Harpfing Foto: v. Gagern

Liberalitas bavariae paßt gut auf die einheimischen Anwohner. Wir Zugereiste haben sie als ruppig und direkt, zupackend, lachlustig, schüchtern, bullig und sehr hilfsbereit, wohlwollend-neutral, auch freundlich-neutral kennengelernt. „Oberbayern sind steifer, komischer", findet der Goldschmied André, aus München eingewandert.

Ein anderer Zuwanderer erinnert sich an die Renovierung seines herabgekommenen Vierseithofs bei Wurmannsquick (oh, allein diese Namen, Hader und Kasöd, Marklkofen und Hollkronöd – das klingt!), also, Karl Römer aus Siebenbürgen erinnert sich: „Sie waren scheu aber offen; und hilfsbereit, obzwar sie meinten, das wird nichts." Irene Schubert-Römer, angestammte Niederbayerin und Dichterin, findet „die Gastfreundschaft der Niederbayern schon bemerkenswert".

Gastfreundschaft wird auch den Fremden gewährt, die sich auf einen „freundlichen Austausch von Informationen über Witterung und Landwirtschaft" beschränken mögen – wie der Ex-Münchener und Kunstgrafiker Rudolf Huber-Wilkoff.

Künstler, Kreative, Intellektuelle überwiegen unter den ZuwanderInnen, und wenn ein Rottaler Bürgermeister meint, „wir erwarten, ...daß sie sich unseren... Bräuchen anschließen", so empfinde ich das als niederbayerische Version des „Wenn du nach Rom gehst, mach es wie die Römer" durchaus hinnehmbar. Das Sich-Anschließen hat ja viele Ausprägungsgrade. Mindestens wird erwartet, daß man einander in Ruhe läßt. Das fällt gerade manch weltflüchtigem Intellektuellen schwer. Auseinandersetzungen liegen so nahe, wo es um Haus und Hof, Baum und Strauch, Kind und Kegel geht.

Zwar gibt es selten Zäune, sind viele Vierseithöfe offen, von allen Seiten einsehbar gebaut, die Grenzen aber sind im Bewußtsein – mindestens der Angestammten – durchaus markiert und werden im Prinzip respektiert. Gleichwohl oder grad deswegen pflanzt macher Einheimische und manche Zuagroaste „zu gerne" (Jule aus Hessen) einen Baum haargenau neben den Grenzstein. Eingesessene finden Selmzogne wie mich seltsam, die noch jede Baumruine pflegen, am liebsten die Brennessel umarmen würden und ihr Unland zum Biotop erheben. Landbewohner Niederbayerns haben eben oft nicht erfahren, wie man in den großen Städten vor lauter Werbeträgern den letzten Baum aus den Augen verlieren kann. Ich fühle mich nicht mehr zum Bäumeausreißen, und da ärgert mich, wenn ich ständig hören muß, der ghert weg und die ghert weg – auch aus dem Mund meines, vor vierzig Jahren hierher vertriebenen, schlesischen Nachbarn. Er meint den alten Barhofkirschbaum und die daneben – immer noch – wachsende Birke. Danke, ich säubere lieber jedes Jahr meine Dachrinnen von Birkenblättern und -samen. Ob Männer überall so gern ihre Kettensäge kreischen lassen, noch die letzte Brennessel roden wollen?

Die Kabarettistin Lisa Fitz – auch aus München, mindestens der Münchner Szene, zugezogen – hat sich in ihrem Wohnort bei Eggenfelden „in die Nesseln" sogar gesetzt, „weil ich einen Film über Niederbayern geschrieben habe, der sich erlaubt hat, kritisch zu sein..."

Zu kritisieren gibt es, auch auf dem zunächst so idyllisch angemutet habenden Lande, immer etwas. „Alles Schöne trägt auch immer das Gegenteil in sich", weiß der scheue Künstler Huber-Wilkoff. Er ist einer der ältesten Zuwanderer und insofern typisch, als er vor einundzwanzig Jahren als Landkommunarde begonnen hat.

Huber-Wilkoff steht auch deshalb für viele, weil er – sozusagen in tätiger Kritik – zeigt, wie schön die alten niederbayerischen Höfe und Häuser wieder hergerichtet werden können. Sein Vierseithof bei Simbach ist ein Schmuckstück – „immer schöner geworden". Der Bauernhausforscher Baumgartner findet, daß die Neu-Niederbayern ihre Häuser „teilweise sogar mustergültig" instandgesetzt haben. „Denkmalpflege" nennt er ihr Tun. Und Irene Schubert-Römer geht so weit zu sagen: „Dadurch, daß so viele Städter hier herausgezogen sind, ist einiges an ländlicher Baukultur gerettet worden."

Foto: v. Gagern

Das ist überall so – weltweit, möchte ich sagen. Als wir, Hamburger und Berlinerinnen, aus den wendländischen Fachwerkhäusern Balkenwerk und Inschriften wieder hervorgezaubert hatten, nahm auch manche Bauernfamilie Niedersachsens die bunten Glasbausteine aus den zugemauerten Hoftoren wieder heraus...

„Wie eine Sauna" sah der Hauptraum eines ehemals Graf Arcoschen Brauereihauses in Malgersdorf, Landkreis Eggenfelden, aus, als die aus Mexiko stammende Kunstkeramikerin Luz Arias es vor zwanzig Jahren erwarb: alles holzverkleidet. Dann hat die mit ihrem aus Düsseldorf gebürtigen Ehemann Joachim Borgmann Zugewanderte das kellerkalte, am Wald gelegene Steinhaus für eine vierköpfige Familie hergerichtet – wie sehr viele Zugereiste in eigener Handarbeit. In den hunderte Meter langen unterirdischen Biergewölben, die bis weit hinein unter den Wald reichen, fühlen sich Frau Arias' sparsame aber ausdrucksstark modellierte Tongestalten wohl. „Ich nehme nie Werkzeug", sagt sie und: „die leben da hinten" (über ihre Plastiken in den sagenumwobenen Gängen des ehemaligen „Sommerkellers").

Ich frage, ob das Leben fern von Düsseldorf und Mexiko City sie verändert habe. „Tiefgründiger – kann man das sagen?" sei sie in dreiundzwanzig Jahren geworden – in ihrem dreihundert Jahre alten Haus.

Malen, schmieden, filmen, schreiben: Mit vielen meiner zugereisten kreativen Mitmenschen habe ich versucht – ich, die ich schon fast überall gewohnt habe – zu ergründen, was uns hält und gefällt in der niederbayerischen Pampa. „Ich dachte, ich sterbe in Berlin", sagt die Malerin und Bildhauerin Franziska Lankes, und dieser Satz ist schön doppeldeutig. Nur betont sie auf Berlin, ich auf sterbe.

Sind es die anarchischen, bodenständigen, neugierigen, frotzeligen EinwohnerInnen dieses schönen Landstriches? Ist es gar ein Heimatgefühl? „Meine Heimat, das ist mein Schaffen", sagt mir Luz Arias. André hat sich „hier anders kennengelernt als in München", und Franziska, die erst vor zwei Jahren zuzog „wegen eines Mannes", findet noch alles „total süß" und „total nett". Mir fällt ein Kollege von Lisa Fitz ein, der über seine oberbayerische Wahlheimat gesagt hat, er lebe jetzt „seit acht Jahren da, die ersten fünf Jahre war'n schee, die letzten fünf nimmer so". Auch ich lebe seit gut acht Jahren auf meinem Hof bei Ruhstorf an der Rott und sage, ich fühle mich hier so wohl, „weil die Strukturen noch in Ordnung sind". Das stimmt natürlich nicht. „Man müßte schon blind sein, um nicht zu sehen, daß die Industriegesellschaft auch hier ihren Tribut fordert" (ein Journalist aus München). Aber die sozialen Strukturen sind in Niederbayern immerhin noch erkennbar.

Eine Art Flüchtlingin aus der Industriegesellschaft ist auch die Fotografin Verena von Gagern. 1991 ist sie mit Mann und Kindern auf einen abgelegenen Vierseithof bei Simbach gezogen. „Die immer feinere, subtilere Benutzung des Mediums", sagt sie, „ist nicht mehr so wichtig", wichtig werden dafür „Jahreszeiten, körperliche Arbeit, Nachbarn" und ein „Ringen um das Gleichgewicht" in der Natur. „Gesünder – aber weltfremder", sage ich, „bin ich geworden" – in meinen acht Jahren Landleben.

1986 fiel ein schwerer Wermutstropfen auf das ganze ostbayerische Land: Tschernobyl. Auf allen selbstversorgerisch lebenden Neu-Siedler-Höfen und Kommunen – das waren 1986 noch einige – wurde der mühsam hergezüchtete Humus, das auf biologisch umgestellte Erdreich dreißig Zentimeter tief abgehoben, das nach dem 26.4. gemähte Gras im Wald endgelagert. Seitdem war kaum noch jemand aus der Stadt für gesundes Leben-und-Arbeiten auf dem Land zu begeistern, und die letzten Amateur-GärtnerInnen und ViehhalterInnen überlegten sich Mitte der neunziger Jahre angesichts der Nacktschneckenplage, ob sie noch weiter ein Kilo Erdbeeren auf ein Pfund dieser gräßlichen Tiere ernten wollten. Ein Anonymus namens Nasenbaer schimpfte im ostbayerischen Kulturmagazin lichtung über die „Freunde" der Schnekken: „Das sind die Güllewirte. Unsere Landwirte" würden, so der Autor, „die Flur zur Deponie herunterbringen", weil sie dort ihre Schweinemast-Rück-

Foto: v. Gagern

stände „entsorgen". Andere Zugezogene klagen über eine Fleischindustrie, eine „zu Tode gespritzte Erde!" und Mais-Monokultur. Auch das ist in Niederbayern nur ein wenig ausgeprägter als in manch anderem Landstrich. Der gute Boden – achtzig Bodenpunkte von hundert möglichen – verführt zu intensiver Nutzung, zu Belastungen von Boden, Luft, Wasser, die gerade auch älteren Einheimischen manchmal genau so stinken wie den Fremdgeborenen. Doch sogar im touristisch attraktiven niederbayerischen Bäderdreieck Griesbach, Füssing, Birnbach stinkt's und maiselt es, die Gäste müssen's halt ertragen.

Alles Schöne trägt auch immer sein Gegenteil in sich, wie Huber-Wilkoff philosophiert. Der „einzige Übriggebliebene" des „Landprojekts Kottigstelzham – alle andern haben sich ganz anders orientiert" – blickt auf die Zeit, da er mit GroßstädterInnen auszog, ein besseres Leben zu suchen, freundlich zurück: „Als Landprojekt war Kottigstelzham schon Ende der Siebzigerjahre gescheitert... es war eine wichtige Erfahrung." Amüsiert erzählt der inzwischen international bekannte Künstler von einem Mitkommunarden, der „in zwei Bauernzimmerchen Warentermingeschäfte am Computer" mit den Börsen, unter anderem von Chicago, machte: „Das hatte natürlich nichts mit der Region zu tun."

Huber-Wilkoff fährt, wie Verena von Gagern, wie ich selbst und zahlreiche andere Zugewanderte, in Abständen in die Metropolen, die eigenen Batterien am Puls der Zeit aufzuladen. Vor Jahren hatte eher Indien „eine Wichtigkeit", jetzt fährt er „wenn überhaupt, dann nach New York" und nach Berlin – obwohl: „Berlin macht mich immer fertig."

Huber-Wilkoffs aktuelles Projekt nennt er VOR ORT. Es drückt ein Lebensgefühl mancher ZuwanderInnen aus: ORT bezeichnet das Stabile, und VOR das Noch-Nicht. „Gehöre ich nicht mal hierhin – wo ich doch zu Hause bin?" fragte ich 1994 in einem Gedicht mich selber.

Ein „Paradies" zumindest glaubt die Malerin, Bildhauerin und Gestalterin Natascha Mann im Landkreis Eggenfelden gefunden zu haben. Auch Natascha Mann kann von ihrer künstlerischen Arbeit leben, hat gut vierzig Einzelausstellungen international vorzuweisen und zusammen mit ihrem Freund vier schulpflichtige Kinder. Von daher sind die gebürtige Fränkin und der aus Hessen stammende Freund näher dran am niederbayerischen Alltag als wir, die wir keine Kinder (mehr) haben.

Die Kinder der Stadterer fallen überall auf, fallen aus dem Rahmen, wurden und werden angefeindet – Bubackmörder, Engländerschwein – wurden und werden aber auch bewundert. Nachbarkinder kommen gern zu Besuch, wenn sie dürfen, die MitschülerInnen aus den großen Städten werden häufig KlassensprecherIn oder glänzen im Sport.

Eine multikulturell sich entwickelnde Gesellschaft von Ein- und ZuwanderInnen macht sich auch außerhalb der Ballungszentren und bis nach Ruhstorf an der Rott bemerkbar, relativiert das Fremde an den aufs Land geflohenen Deutschen und ihren Kindern. Natascha Mann nickt zustimmend, als ich sage, als Frau fühlte ich mich sowieso incognito, überall etwas fremd in der patriarchal strukturierten Gesellschaft.

Luz Arias hat die Niederbayerinnen als „in vielen Dingen offener" als die Niederbayern erfahren, andere Frauen haben hier mehr Freundinnen als in München gefunden.

Niederbayern – Land, „wo die Frauen stark und die Männer schön sind". Den Aufkleber sah ich an einem Auto mit Passauer Kennzeichen. Er kennzeichnet treffend, daß diese Region etwas Mütterliches hat, ja ein Land wie eine gute Mutter sein kann. Geachtet werden auch der und die Zugereiste, welche weder in Feuerwehr noch Frauenbund mittun, sich weder in Kirche noch Wirtshaus sehen lassen. „Hier tut ihm keiner was", sagt ein Bauer in Untertattenbach, als ich frage, ob denn der ehemalige Münchner Oberbürgermeister Hans-Jochen Vogel noch bewacht wird, der sich bei Obertattenbach-Birnbach angekauft hat.

Beherztes Zupacken und Beharrlichkeit sind Eigenschaften, die einem und einer auf dem Land Hochachtung verschaffen. Eine gewisse – ich finde, eine gesunde – Vorsicht weicht „schee langsam" der Zuneigung, wenn eineR im fünften Jahr immer noch den Acker bestellt, Rechnungen prompt bezahlt, zur Fahrt hin Blumen pflanzt... Dabei haben es diejenigen leichter, die mehr aus Liebe in die Täler und auf die Höhen gezogen sind, und weniger weil's hier einst sehr preiswert war. Eine Württembergerin und ihr fränkischer Mann kauften ein Schloß bei Passau, weil sie eines im Altmühltal nicht bekamen. Sie verhalten sich eher neutral, „vorsichtig" und die Einheimischen lieben – seit fünfzehn Jahren – ebenso zurück.

Alle fremdgeborenen Zugezogenen haben das soziale Klima am Ort verändert. Besonders die einheimischen Kinder, die Jugendlichen, die Frauen sehen „Schlupfmöglichkeiten" aus einer manchmal beengend erlebten sozialen Kontrolle, wenn sie am Leben der freier lebenden neuen Nachbarn teilhaben – zusammen Bauchtanzkurse besuchen, Vereine und Bürgerinitiativen fördern oder gründen.

Es entwickelt sich das meiste allgemach, was sicher auch an der Integrationsmacht von Kirche und Politik, sprich Christlich-Sozialer Union, liegt. Integration ist „Herstellung einer Einheit, eines Ganzen aus dem Vielen" (Duden) – sie gelingt in Niederbayern häufig, auch weil dieses Land nicht so viel Tourismus hat aushalten müssen wie andere (bayerische) Regionen.

„Fremd ist der Fremde nur in der Fremde", sprach Karl Valentin. Niederbayern bietet gerade den Grad an Heimeligkeit an, den jedeR wünscht – um das große Wort Heimat nicht zu benutzen.

Manfred Kempinger

Der Stehempfang

Foto: Jurkowitsch

Frau Fritzeneder wartet mit einem Weinglas in der Hand auf ihren Mann.

FRAU FRITZENEDER *(leicht aufgeregt zu sich selbst)*: Glaubst das, der Mahler is ganz schee lang. Wo bleibt er denn scho wieda? I hobs eam ja glei gsogt, er soi im Vormittag bei dem Benefizkonzert ned sovui Bohnensuppn essn. Iatzt kommt da OB, und er no ned do. Da trainiert er Wochen auf den Augenblick, daß er sich amal präsentiern kann, und dann kommt er vom Häusl ned oba.

(entdeckt den Oberbürgermeister) Ja, des is ja der Herr OB. Jetzt hätt ich sie gar ned kannt in ihrem neia Anzug. Ja, ein wunderbarer Nachmittag, einzigartig. Wie ich den Wein finde?

(schlürft) Ja, nicht schlecht, aber ich würd sagn, er kippt im letztn Drittel leicht ab.

(korrigierend) Nur a Spur, a bissal, ihm fehlt etwas das Rückgrat, a richtiga Beamtenwein. *(lacht laut)* Des war natürlich nur a Gschpaß. Aber nach so einem Wein brauch ich immer a Hoibe Bier zum neutralisiern von dera Säure. Ja, da hams Recht, es geht nichts über a Bullrichsalz. Wollns auch gleich eine, oder heißts bei ihnen auch immer, der Finger räumt den Magen auf? *(lacht laut)* Na, heid sans aba wieda gschpaßig.

(Sie genießt die Unterhaltung mit dem Oberbürger-

meister und begrüßt immer wieder demonstrativ vorbeigehende Bekannte.)
Ja, na, ein wunderbarer Tag, einmalig. Nein, mein Mann is grad a bissal Luft schnappen. Der hängt ja an dem Mahler mit Herz und Seele, der is immer so aufgregt, da muß a immer naus. Aber da kommt er ja.
(Herr Fritzeneder tritt hinter seine Frau und begrüßt in devoter Haltung etwas verunsichert den Oberbürgermeister.)
Ja, wir waren ja gestern auch schon auf dem Eröffnungsmatinee von dem Dings... Sie, da war sogar einer aus München da und hat sich des anghört.
HERR FRITZENEDER: Ja, aus München.
FRAU FRITZENEDER: Aus München! In unserem Passau! Oba scho so ein Gloife, der hat sich vielleicht aufgführt. Du glaubst as ned, des war ein richtiga Garschteigl, wia mia immer sagn.
HERR FRITZENEDER: Ja, diese Garschteigl.
FRAU FRITZENEDER: Mei, der hätt glei aufdreht, geht so an mir vorbei, eh den Kopf drei Meter in der Höh, bleibt bei mir steh und sagt: „Ja, ja, der Geiger had an schöna Strich ghabt.“
HERR FRITZENEDER: Ja, der Geiger.
FRAU FRITZENEDER: Zerscht bin i ganz rot wordn, ned, ma hod doch auch eine Erziehung, aber dann bin i glei mid mein Weinglasl vorbei an eam und hab ihm so von hintn eine hinghaut und gsagt: „Ja, aber de Triolen vom Cello warn auch ned ohne.“
HERR FRITZENEDER: Des Cello.
FRAU FRITZENEDER: Da is eam aba de Lätschn obeghängt bis zu seine schwarzn Sockal. Sowas hams ja in München gar ned.
HERR FRITZENEDER *(kopfschüttelnd)*: München.
FRAU FRITZENEDER: Mei, da is uns ja amal was passiert, da hat uns ein Bekannter Kartn bsorgt für so einen Sänger. Kreiz, wie hat der ghoaßn? Wia da Flughafen, *(Herr Fritzeneder versucht einzusagen.)* na, ned da Strauß...da... genau, da Riem.
HERR FRITZENEDER *(bestätigend)*: Der Sänger Riem.
FRAU FRITZENEDER: 180 Mark de Kartn! Do host da denkt, do kannst scho amal große Kultur verlanga. Aber dann, du glaubst as ned, kimmt a soa vawochsna Zwerg aussa, soa Metastumpn im Anzug, und fangt des Singa an.
HERR FRITZENEDER: Groß war er ned.
FRAU FRITZENEDER *(steigert sich in ihrer Empörung)*: Für des valangans 180 Mark! Wenns da des überlegst, da zoi e ja für jedn Zandemeter über zehn Mark.
HERR FRITZENEDER: Mindestens.
FRAU FRITZENEDER: Da stimman doch de Verhältnisse nimma.
HERR FRITZENEDER: Des is halt München.
FRAU FRITZENEDER: Ja, de Garschteigl, de und eana Kultur. Mia warn ja einmal drom und ham gsehng, wos de da aufführn.
HERR FRITZENEDER: Um Gottes willen!
FRAU FRITZENEDER: Ja, glaubst, mia graust vor gar nix? Do druckt se oana budlnackat unterm Bühnenvorhang außa.
HERR FRITZENEDER: Er hat ned viel anghabt.
FRAU FRITZENEDER: Schreit, wia wenns a Sau stechan, und dann steht a do mit seim hängadn Zogl und hupft in de Zuschauerreihn umadum. Im zwoatn Teil steigt a am Tisch und ziagt se a Plastiksackl über sein glatzerdn Schädl und bofelt in den Sack eine. Du host nix verstandn.
HERR FRITZENEDER *(kopfschüttelnd)*: Gar nix.
FRAU FRITZENEDER: Und dann hats na endlich umghaut. Wenn ned zufällig de drei Malteser glei auf de Bühne gsprunga watn, wär der vor unsere Augn varreckt.
HERR FRITZENEDER: Der wär gstorbn.
FRAU FRITZENEDER: Und für sowas valangans auch noch Eintritt.
HERR FRITZENEDER: Des is halt München.
FRAU FRITZENEDER: Nächstn Tag muaßd in da SZ lesen...
HERR FRITZENEDER *(kopfschüttelnd)*: Die Süddeutsche.
FRAU FRITZENEDER: ... daß de Malteser dazuaghört ham und dieser Akt „die Begrenztheit der künst-

lerischen Existenz symbolisiert hat“ und des Publikum begeistert war. Nur zwoa ham pfiffa, weil ses anscheinend ned verstanden ham. Na, do is mir hier scho lieber, da kennst jedn, woaßt, wann a Sach aus is und was dazuaghört.
HERR FRITZENEDER: Des is halt Passau.
FRAU FRITZENEDER: Woaßt scho vorher, wos nachher in da Presse steht. Iatzt sag doch du a wos. Erzähls doch dem OB, wie du dich in deine Volkshochschulkurse weiterbildest. *(Sie schiebt ihren Mann nach vorne.)*
HERR FRITZENEDER *(zögernd)*: Ja, äh, Herr Oberbürgermeister, des is ned ganz einfach. Aber, ich sag immer, und des is a Grundsatz von mir: „Wer sich richtig bildet, der hat mehr vom Leben.“
FRAU FRITZENEDER *(stolz)*: Ja, Herr Oberbürgermeister, da geht eam scho eine Menge Zeit drauf, aber des is alles nur eine Frage der Organisation und Willensstärke, und die hat er. Schaun sie sich doch nur einmal diesen Kopf an, da muß doch was drin sein.
HERR FRITZENEDER: Des mit meiner Fortbildung geht ja scho am Montag los. Wo bin ich da wieder?
FRAU FRITZENEDER: Da gehst in „Geistig fit am Morgen“.
HERR FRITZENEDER: Ja, da bin ich zuerst in „Geistig fit am Morgen“. Der Kurs geht, Gott sei Dank, erst um 9^{30} Uhr los, und ich hab ja Gleitzeit, des schiab ich so in meine Kaffeepause. Ich sag ja immer: „Ein städtischer Beamter soll sich fit halten, geistig und auch körperlich.“
FRAU FRITZENEDER: Und abends, da trifft sich ja unsere ganze Familie dann in einem Kochkurs. Montag is des „Japanisch“. Des is wia a Familientreffen, weil mit seine Kurse sehn wir uns ja kaum.
HERR FRITZENEDER: Da wird dann des Wichtigste besprochen, wie gehts denn so im Kulturreferat?
FRAU FRITZENEDER: Und so nebenbei basteln mia aus Fischmehl und Seetang ein Harakirisoufflé mit Butterbohnerl.
(Der Oberbürgermeister versucht, sich der Aufdringlichkeit zu entziehen, wird aber von beiden verfolgt, immer wieder eingeholt und bedrängt.)
HERR FRITZENEDER: Des hat ja auch wirtschaftliche Vorteile, überlegns, weil da braucht mei Frau koa Haushaltsgeld, des investiern mia wieder in unsa Bildung, und dann gehn mia glei in „Cholesterin für alle“.
FRAU FRITZENEDER: Ja, Herr Oberbürgermeister, der Montag is für die ganze Familie ein richtiger Gesundheitstag. Mein Mann schaut dann noch a weng in de „Osteoporosegymnastik“. Da schläft er dann auf da Deckn.
HERR FRITZENEDER: Und mei Frau, de macht a bissal „Feldkreismethode“, a weng geh, steh und sitzn.
FRAU FRITZENEDER: Der Sohn is dann im Nachtfahrn auf der B 12.
HERR FRITZENEDER: Und de Tochter geht jetzt scho des zweite Jahr in de Schwangerschaftsgymnastik.
FRAU FRITZENEDER: Guat, iatzt song sie: A sechsjährigs Kind, was duat denn des in da Schwangerschaftsgymnastik? Aber erstens hamma da eine Kinderermäßigung ausghandelt,
HERR FRITZENEDER: und zweitens, ich sag immer: Mit der Erwachsenenbildung da kamma ned früh genug anfangen, sonst is zspät.
FRAU FRITZENEDER: Dienstag moch ma nix. Aber der Mittwoch, i geh da a bissal in einen Dichtkurs.
HERR FRITZENEDER: Und bei mir is ja der Mittwoch ganz im Zentrum der Sprachen.
FRAU FRITZENEDER: Mein Mann war ja schon in 23 Sprachkurse „Anfänger I“. Er nimmt imma „Anfänger I“.
HERR FRITZENEDER: Ja, weil ich mia denk, des is ja langweilig, wenn in „Fortgeschrittene XII“ nu imma de soibn Leit sitzn. In „Anfänger I“ da lern ich imma neie Gsichta kenna.
FRAU FRITZENEDER: Und er hat eine ganz eigene Methode entwickelt, wie man die schwierigsten Sprachen lernt. Sags amal dem Herrn Oberbürgermeister.
HERR FRITZENEDER: Ja, ich sprech jetzt schon

Passau bei Hochwasser
Foto: Jurkowitsch

23 Sprachen.
FRAU FRITZENEDER: Wie sagt der Kursleiter, sprichst du de?
HERR FRITZENEDER: Ja, der sagt, ich spreche diese Sprachen „rudimentär“, mehr bruchstückhaft, so eine Art multikulturelles VHS-Esperanto, weil ich lern ja nach einem eigenen System, mehr auf Konversationsbasis. Ich lern sogenannte Fundamentalsätze, die man dann auch wirklich in der Praxis braucht.
FRAU FRITZENEDER: Sags dem Herrn Oberbürgermeister, du warst doch jetzt auch in „Arabisch I“. Zeigs ihm mal!
HERR FRITZENEDER: Ja, vielleicht nur ganz kurz. *(murmelt arabisch)*
FRAU FRITZENEDER: Des is arabisch und heißt soviel wie: „Es war sauguat, aber dennoch rumorts iatzt gscheid im Magen, machens bitte mal den Weg frei.“ Diese Konversationssätze hat er sich ganz allein gschriem.
HERR FRITZENEDER: Ja.
FRAU FRITZENEDER: Der Kursleiter hat ihn extra globt und gmeint, es gibt Situationen, wo einem des Passiv II oder der Konjunktiv III auch ned weiterhelfen.
HERR FRITZENEDER: Ich interessier mich natürlich nicht nur für Sprachen. In so einer Stadt, da muß man offen sein, und deshalb geh ich auch immer in diese Allgemeinbildungskurse.
FRAU FRITZENEDER: Ja, da war er dieses Jahr sogar Modell beim Aktzeichnen. Was war des für eine Epoche, die ihr da zeichnet habts?
HERR FRITZENEDER: Bayerisches Barock. Da bin ich vorn neben da Heizung nackert auf einem Sessel gsessen, hab a Bier trunkn, und de andern ham me zeichnen müssen.
FRAU FRITZENEDER: Wunderbare Bilder, Herr Oberbürgermeister, also wenns amal was suchen für ihr Empfangszimmer...
HERR FRITZENEDER: Ja, vielleicht des eine, wo ich grad de Maß stemm und se ham mia den Kranz aus Hopfenblüten aufgsetzt und auf de Brust dieses Innstadtbierfuizl gmalt.
FRAU FRITZENEDER: Diese Farben, Herr Oberbürgermeister, sei käsige Brust, des Gelb von dem Fuizl und dieses zufriedne Lächeln, des er auf hat, wie er da aus dem Maßkrug trinkt.
(Der Oberbürgermeister flieht. Beide schreien ihm nach.)
Ja, so einer wie mein Mann, der hätts scho verdient, daß er mal befördert wird. Er kann de ganzn Prospekte obasagn!
HERR FRITZENEDER: Wolln ses amal hörn?
FRAU FRITZENEDER: Ah, des interessiert sie nicht!
HERR FRITZENEDER: Ja, Wiederschaun, Herr Oberbürgermeister!
FRAU FRITZENEDER: Wiederschaun und noch viel Spaß! *(nach einer kurzen Pause wichtigtuerisch)* Fritze, i glaub, des war jetzt dein Durchbruch.
HERR FRITZENEDER *(ungläubig)*: Meinst wirklich?
FRAU FRITZENEDER *(überzeugt)*: I glaub, der vagißt uns nimma!

Foto: Jurkowitsch

Django Asül

Herzlich willkommen!

Foto: Pöhnl

„Ach, wie sehr verlange ich nach Gesundheit!", schrieb schon Nietzsche in seinem Brief an einen gewissen Erwin Rohde. Und damit spricht er der industrialisierten Menschheit aus der Seele. Gerade in unserer schnellebigen, hektischen Zeit, wo Körper und Geist geplagt werden von Arbeitgebern, Schwiegereltern oder sonstigen unerfreulichen Erscheinungen, reagieren Physis und Psyche zusehends stärker und langwieriger auf negative Einwirkungen, weshalb Menschen schneller altern, leichter und schwerwiegender krank werden und der Zivilisation als Arbeitsgeräte und Konsumterroristen verloren gehen könnten. Um das zu verhindern, schuf der Gesetzgeber den Sozialstaat mit einem umfangreichen medizinischen Leistungskatalog. Nicht nur ambulante und stationäre Hilfe, nein, selbst reaktivierende und rehabilitierende Maßnahmen sollten den Mitbürgern angeboten werden. Nämlich in Form einer Kur. Wozu hat das geführt? Wie jede nette Geste des Staates wurde auch diese mißbraucht. Wegen jedem Wehwehchen meldeten sich die Leute zur Kur an. Nach läppischen dreißig Jahren im Außendienst, Bergwerk oder ähnlichen Tätigkeiten mit Freizeitcharakter wurde die Kur beansprucht. Unweigerlich drängt sich die Mutmaßung auf, daß bei vielen die Frage nicht „Machen wir Urlaub in den Bergen oder in Italien?"

Gemütliche Kur-Stüberln... Foto: Pöhnl

lautet, sondern „Kur oder last minute?". Ganz klar: Es besteht Handlungsbedarf. So etwas entgeht auch der Führung in diesem Lande nicht. Besonders progressive Kreise brachten die Sache auf den Punkt: Alles, was sich die oberen Zehntausend privat leisten können, wird für den Otto-Normal-Pseudokranken gestrichen. Kuren nur mehr in dringenden Fällen, d.h. der Patient muß den Nachweis erbringen, daß ohne Kur das Ableben in angenehme Nähe rükken würde. Und wenn schon zähneknirschend grünes Licht für einen Kuraufenthalt gegeben wird, dann aber eine Woche weniger und ohne rechtlichen Anspruch auf einen Kurschatten. Selbstverständlich ist das nur ein kleiner Schritt auf den vielen (gefährlich glatten) Stufen der Gesundheitsreform. Das Problem ist schließlich nach wie vor, daß der durchschnittliche Deutsche nicht nur viel zu spät stirbt, sondern daß er auch nicht allzu lange arbeiten will und zudem – da sieht man mal, welche Unverschämtheiten heute gang und gäbe sind – Ansprüche auf Leistungen stellt, für die er jahrelang in diverse Kassen einbezahlt hat. Es bleibt abzuwarten, ob weniger und kürzere Kuren dazu beitragen, gerade erwähnten Personen einen im Sinne der Staatsfinanzen zeitlich passenderen Abgang zu ermöglichen.

Hervorzuheben ist aber auch die gewaltige betriebswirtschaftliche Komponente: Im Laufe der Jahrzehnte entstand in besonders schönen Gegenden dieses schönen Landes eine regelrechte Humansanierungsindustrie. So auch im niederbayerischen Bäderdreieck Bad Füssing, Bad Griesbach und Bad Birnbach. Für viele Ex-Kurgäste ist es selbstverständlich, regelmäßig im gesundeten Zustand einen Abstecher in dieses herrliche Fleckchen Bayerns zu machen. Das ist ein erfreulicher Aspekt für die lokale Gastronomie, doch es bleibt zu klären, was das Geheimnis des Erfolges dieser Orte ist, selbst in Zeiten knapperer Kurkassen ein (Kranken-)Kassenschlager zu bleiben...

Bad Füssing, Ortsanfang. Überall Tempo 30. Wo immer der Blick hinfällt: ältere Semester in Jogginganzügen. Je mehr Verschleißerscheinungen am Gebein eine gewisse Ästhetik bei der Gangart vermissen lassen, umso popiger die Jogginganzüge. Es bleibt zu wünschen, daß die Therapie so anschlägt, daß die Sublimierung der Gehschwäche nicht über das provokant-neonfarbene Sportgewand verläuft. Die Straßen alle schön gerade, hin und wieder ein Kreisverkehr – zu wissen, daß man sich hier nur schwer verlaufen kann, hat sicherlich eine beruhigende Wirkung auf das beschwerte Herz. Zudem sorgen überall Einladungen mit dem Wortlaut „Herzlich willkommen in unserem Haus. Für die Wintersaison 96/97 bieten wir 10% Rabatt" für ein sehr heimeliges Gefühl. Die Kurverwaltung selbst liegt sehr großzügig und beinhaltet, wenn man den vielen Prospekten und Postern glauben darf, einen sehr breiten Service für jedermann. Was neben den vielen Offerten wie Wanderungen, Busreisen, Tagesausflügen und Volksmusik am Ort auffällt, ist das Plakat des Passauer „Scharfrichterhauses": Ob Wortgewalt à la Zimmerschied das Richtige ist für Herzrhythmusgestörte?

Gleich neben der Kurverwaltung, in einer gesunden Symbiose sozusagen, ist die Kirche und die Polizei. Auf engstem Raum befindet sich also das körperliche, seelische und exekutive Heil, was infrastrukturell-architektonisch kaum zu überbieten ist.

Wenn der Grundsatz „Nachfrage bestimmt Angebot" weiterhin gültig ist, so stellt sich die Frage, ob der Kurgast von heute zur Selbstüberschätzung neigt, oder ob es eine therapeutische Weisheit ist, dem Kranken in einer Art „Crashtest" seine Grenzen aufzuzeigen: Squash und Tennis werden angepriesen, und für all die, die ihre Kur lieber in Fernost verbracht hätten, gibt es ein Rikscha-Taxi, wofür plakativ mit „Bombay-Bali-Bangkok-Bad Füssing" geworben wird. Bad Füssing muß irgendetwas Exotisches haben. Nicht nur die Rikscha deutet darauf hin: Am zentralen Kreisverkehr befindet sich das Restaurant „S'Palmengärtchen". Wie kommt man auf so einen Namen? Naheliegend wäre, daß das Bäderdreieck im Fernosten Bayerns liegt, aber bei dem Gedanken, in der Gaststube unter Palmen Schweinebraten von einer halbdunklen Schönheit im Baströckchen serviert

... und Stubn Foto: Pöhnl

zu bekommen, während im Hintergrund Freddy Quinn „Blue Bayou“ singt, mag sich keine Harmonie einstellen...

Der Internationalismus hat längst seinen Einzug in diese typisch bayerische Gegend hinter sich, beim Spaziergang auf dem „Boulevard“, das sich Thermalbadstraße nennt, kommt man sich vor wie im Italien-Urlaub vor zwanzig Jahren. Boutiquen mit Bademodenständer vor der Tür, wo sinnigerweise die korpulentesten Damen zu den gewagtesten Fetzen greifen, kleine Lädchen mit all den Dingen, die man im Alltag hundertprozentig nicht braucht, und – gibt's denn so was?– ein Immobiliengeschäft, das die eigene Werbung in der glaubwürdigen Kur-Standardlektüre „Bild am Sonntag“ an das Schaufenster geklebt hat. „Betreutes Wohnen“ ist der Slogan des Hauses, und der originale Werbetext hat eine hohe Aussagekraft: „Wenn Bedarf besteht, ist der Betreuer, das BRK sofort zur Stelle (für Pflegestufe 3 sehr gut geeignet).“ Mit anderen Worten: Falls Sie sich dazu entschließen, uns eine „betreute“ Wohnung zu einem Sonderpreis abzunehmen, werden wir schon dafür sorgen, daß Sie am Leben bleiben, bis die Bude abbezahlt ist.

Unweit davon prangt in großen Lettern „Lust auf Leder“ an einem Laden. Hat die S/M-Welle die tiefste Provinz erreicht? Ist S/M schon gar eine Heilpraktik, die die AOK bezahlt? Schmerzsensibilisierung oder so? Nein, bei näherem Betrachten ist es bloß ein Ledergeschäft, wo man günstig einkaufen kann, wie auch im fast benachbarten Laden für Kindermoden. Letztgenannter wirkt angesichts der Tatsache, daß Zeitgenossen unter fünfzig Lenzen so gut wie nicht zu orten sind, ein bißchen deplaziert, es sei denn, man will was für die Enkel kaufen.

Wenn man Bad Füssing verläßt, umweht einen ein bißchen Wehmut, denn soviel bayerische Gemütlichkeit, Idylle, Natürlichkeit, Menschennähe, dieses Gefühl, daß hier der Mensch und nicht sein Geld Priorität hat, das findet man sonst nirgendwo.

Oder zwei Kilometer weiter im „Haslinger Hof“. Der hat bundesweit einen größeren Bekanntheitsgrad als Euro-Disney in Paris, zumindest bei denen, die vor 1930 das Licht der Welt erblickt haben. Der Grund liegt auf der Hand. Hier ist auf einem Gehöft eine Lebenskultur entstanden, die sich dem Kampf gegen Profitdenken verschrieben hat. Der Mensch wird hier als ein Wesen angesehen, dessen Leben an Ort und Stelle qualitativ aufgewertet werden soll, weshalb am Eingang „Hier bin ich glücklich“ steht. Als erstes wird der potentielle Hausgast mit dem Schriftzug „Auto Schmankerl Spur – Einkaufen ohne auszusteigen“ konfrontiert. Dem Fußkranken oder -schwachen werden besondere Dienste erwiesen, sogar eine separate Speisekarte „Autoschalter“ gibt es. Bei soviel Herzlichkeit kann McDrive einpacken. Was die Speisekarte wohl feilbietet? Vielleicht Chikken McFüssing? Oder einen HaslBurger?

Beim Betreten des Restaurants schlägt das lukullische Herz gleich höher, wenn es liest, daß die hiesigen Preise fair sein sollten und deshalb das Essen 100 g-weise berechnet wird. Es geht zu wie beim Autoschalter, nur daß das Auto nicht dabei ist: Rundgang mit einem Tablett, an der Kasse anstellen, hinterher zweimal ums Eck und dann ist hoffentlich ein Platz frei. Für all die, die per Krücken sich fortbewegen oder sonstwie gut zu Fuß sind, bedeutet das „Essen fassen“ also zugleich eine ergotherapeutische Anwendung.

Um die alte Garde auf Trab zu halten, steht im Foyer ein ca. 2 m großer Kran, versehen mit einem Pappschild „Kranen und baggern hält jung – 1 DM“. Worin der Verjüngungseffekt besteht, ist nicht nachvollziehbar, überhaupt benötigt man für die Handhabung des Gerätes fachliche Anleitung – aber wofür soll das gut sein? Des Rätsels Lösung bezüglich „Baggern“ ist schnell gelöst. Sollte sich eine Frau unter 70 Jahren und unter 80 kg Lebendgewicht im „Haslinger Hof“ frei herumbewegen, so greifen, zupfen, ziehen rüstige Mittsechziger bis -neunziger an allem, was an der Dame greifbar ist. Das bekommt man zumindest erzählt, und daß die deutschen Lebensabende im „Haslinger“ Deutschlands Seniorenanmache Nr. 1 sehen, ist unbestritten. So ist es nicht

„Kunst und Kultur unterstützen den Gesundungsprozeß“ Foto: Pöhnl

verwunderlich, daß das dortige Restaurant „Mein Liebgewordenes“ heißt und für Kurschattenjäger ein todsicherer Tip ist.

Fesche Kleidung gibt es nebenan in einem großen Geschäft, das den melodiösen Namen „Mein Shopping im Stadl“ trägt. Neben gängigen Teilen hat das Haus ordentliche Trachtenware zum ordentlichen Preis. Eine Tafel „Stars der Volksmusik“ mitten im Laden beherbergt drei Autogrammkarten echter Stars, einer der abgebildeten „Künstler“ heißt Mark Lorenz und schaut seinem Namen entsprechend aus.

Sich vom „Haslinger Hof“ zu trennen, fällt schwer. Wieso gibt es nicht in jedem Ort einen „Haslinger“, einen Ort zum Wohlfühlen? Selbst Bad Griesbach hat keinen „Haslinger“, aber dafür einen „Parkstadl“. Das ist keine mit rustikalen Bauten versehene Parkanlage zum Spaziergehen, sondern ein Parkhaus, wo das Auto urbajuwarisch geparkt wird. Auch der Maximilian-Tunnel dient dem Wohl des Kfz, denn hinter dem großen Namen verbirgt sich lediglich die Einfahrt zur Tiefgarage des Maximilianhotels. Es ist in allen Gliedern des Leibes zu spüren: Nach Bad Griesbach kommt man, um sich gesund zu parken. Das Maximilian-Hotel ist das größte am Ort, und es ist in seiner Bauweise dermaßen individuell und flurbereinigend, daß man glaubt, diesen Bau schon in fünfzig anderen Metropolen Bayerns gesehen zu haben. Auch hier wird also bäderdreiecksüblich und nicht massentouristisch gearbeitet. Der Brunnenplatz, das Kernstück, eröffnet den Blick auf ein türkisches Dampfbad und eine surreal-abstrakte Baustelle, was den gebeutelten Geist erst hin und her reißt, bis er sich auf die wichtigen Dinge im Leben konzentriert und sich den gastronomischen Gegebenheiten zuwendet. Die Speisekarte des „Maximilian“ sprengt sowohl Geldbeutel als auch Fremdwörterfundus eines Durchschnittsmenschen, doch bieten eine Handvoll anderer Wirthäuser und Pizzerien Gelegenheit, verständlich und bezahlbar zu speisen. Beim Spaziergang durch die Geschäftswelt ist festzustellen, daß Namensgebungen wie „krimskrams“ oder „kommen-schauen-staunen-kaufen“ auf bewußte zerebrale Erleichterung der Kundschaft hindeuten, um der psychischen Genesung auf die Sprünge zu helfen.

Der Sinn einer Sauerstoffkur, wie sie Bad Griesbach bietet, erschließt sich erst nach dem Besuch eines Restaurants. Generell wird an fast allen Tischen geraucht, selbst der „passive Kurgast“, der eigentlich gesund ist, könnte da leicht penetrant werden. Aber um die Gesunden geht es nicht im niederbayerischen Bäderdreieck. Vorrang haben die Kranken, und daß der Gast niemals vergißt, daß er nicht zum Vergnügen da ist, sondern krankheitsbedingt einen Rückstand zu normalen Personen aufholen muß, wird ihm in Bad Griesbach am ehesten klargemacht: Zu guter Letzt erblickt man das Café „Handicap“...

Harald R. Sattler

Choleriker am vierten Green

Foto: Pöhnl

Ein Golfspieler nähert sich einem friedlichen Spaziergänger: „He, Sie da! Was machen Sie hier?“

„Wer? Ich?“

„Ja, Sie! Was machen Sie hier?“

„Was ich hier mache?“

„Ja doch! Was – bitte schön – machen Sie hier?“

„Ich gehe spazieren.“

„Genau das hab ich mir gedacht! Man faßt es nicht: geht hier seelenruhig spazieren!“

„Wenn Sie es sich ohnehin gedacht haben, wieso fragen Sie dann?“

„Ich muß Sie...“ – die Schärfe im Ton des Golfers nimmt zu – „... ich muß Sie gleich noch etwas fragen: Wissen Sie eigentlich, wo Sie sich hier befinden?“

„Ich denke schon. Wenn ich mich nicht sehr irre, bin ich im Rottal, jenem gesegneten Landstrich zwischen Inn und Donau, also im östlichen Teil Niederbayerns, was – wie schon der Name vermuten läßt – ein Teil des Freistaates Bayern und als solcher Bestandteil der föderativ organisierten Bundesrepublik Deutsch...“

Die Backenmuskulatur des Golfers beginnt zu mahlen; mühsam nur bewahrt der erregte Sportsmann seine Contenance, unterbricht endlich das geografische Referat des Spaziergängers:

Golfodrom Foto: Pöhnl

„Hören Sie, wollen Sie mich ver... äh... Sie wollen mich doch nur provozieren, oder wie seh ich das?... Sie latschen hier in aller Seelenruhe und noch dazu mit einem nichtangeleinten Hund völlig ungeniert über den Golfplatz! Dies hier ist nämlich ein Golfplatz!“

„Da machen Sie sich mal keine Sorgen! Mein Hund ist nicht wählerisch, wenns ums Gassi-Gehen geht! Wir sind auch schon über Tennis- und Fußballplätze gewandert...“

Der Golfspieler, sarkastisch: „Es mag ja sein, daß es Ihrem famosen Bastard nichts ausmacht, über einen Golfplatz zu hecheln, aber leider ist es nicht beim Hecheln geblieben.“ (Lauter werdend:) „Sehen Sie mal dort rüber! Ihr verdammter Köter pisst gerade aufs Green!“

Der Spaziergänger, erheitert: „Da könnte man das Tier ja mit Fug als Green-Piss-Aktivisten bezeichnen!“

Der Golfspieler knirscht vernehmlich mit den Zähnen, eine Ader an seiner Stirn schwillt, beginnt zu pochen. Der Hundehalter holt aus zu weiteren Erläuterungen: „Ich bin überhaupt froh, daß mein Fiffi eine so gute und regelmäßige Verdauung hat. Das ist heutzutage, wo die Tiere – auch und gerade beim Passieren von Sportplätzen! – so vielen Stressfaktoren ausgesetzt sind, leider nicht selbstverständlich! Aber auf Fiffi ist Verlaß: morgens und abends immer ein stattliches Häufchen, und meistens auf dem Golfplatz! Na ja, regelmäßige Bewegung ist gesund und gut fürs Gemüt, sie fördert zudem den Stoffwechsel bei Mensch und Tier! Viel an der frischen Luft und so! Sie sollten vielleicht auch die Anschaffung eines Hundes in Erwägung...“

Der Golfer, hart am Rande eines Tobsuchtsanfalls: „Ich spiele Golf! Ich mache genug Bewegung, auch ohne so eine dämliche Töle! 18 Loch am Stück... dreimal die Woche... dazu noch das ständige Suchen nach verschlagenen Bällen...“

„Sehen Sie! Da wäre ein Hund doch sehr hilfreich! Mein Fiffi apportiert jeden Ball, ich brauche nur zu pfeifen! Sogar Fuß- und Tennisbälle... das haben wir alles schon mal...“

Der Golfer, nun wirklich außer sich, unterbricht in scharfem Ton: „Apropos pfeifen: Pfeifen Sie doch das Tier endlich zu sich und dann verlassen Sie bitte zügig und ungesäumt den Golfplatz!“

Der Spaziergänger pfeift. Der Hund kommt.

Der Golfspieler: „Sagen Sie mal, worauf kaut denn der Hund? Na aber... das ist ja... oh mein Gott: Ihr verdammter Köter zerbeißt gerade meinen Golfball, einen nagelneuen ‚Einser‘ PRECEPT SS-01 von Bridgestone!“

Der Spieler rastet nun vollends aus, beginnt zu toben; Tränen der Wut treten ihm in die Augen.

Der Spaziergänger versucht ihn zu beruhigen: „Machen Sie sich um das Tier nun mal keine Sorgen! Mein Fiffi, ich glaube, ich sagte es schon, hat schon Tennisbälle gefressen und Fußbälle zerbissen, der ist das gewohnt! Da wird ihm – rein verdauungsmäßig gesehen – auch ein Golfball nichts anhaben können!“

Während der völlig entnervte Golfspieler nach einem Taschentuch sucht, um die Tränen zu trocknen, bepinkelt der Hund seinen Trolly. Der Golfspieler bemerkt es und erregt sich aufs neue. Er stößt unartikulierte Laute aus, hat nun Schaum vor dem Munde. Jetzt greift er sich ans Herz, schnappt nach Luft.

Der Spaziergänger, kopfschüttelnd, zu seinem freudig wedelnden Hund: „Komm Fiffi, wir gehen! Es ist doch immer dasselbe: Da heißt es, Golf sei ein so beruhigender Ausgleichssport, aber jedesmal, wenn wir über den Golfplatz wandern, treffen wir nur auf maßlos erregte Choleriker!“

Herr und Hund, eins mit sich und der Welt, ziehen von dannen. Der Golfspieler starrt ihnen fassungslos hinterher, dann beißt er mehrmals heftig in das zusammengeknüllte Taschentuch.

Kulturlandschaft Golfplatz Foto: Pöhnl

Günter Hack

Wir leben in der Vergangenheit

der Zukunft und die war mindestens gestern

Foto: Pöhnl

Eines meiner vornehmsten Anliegen ist es, die Archäologie der Zukunft bereits heute, in der Gegenwart, zu betreiben. Diese Wissenschaft hat viel mit extrapolierender Dokumentation zu tun. Muß es auch. Schon aus dem Grund, weil unsere Gesellschaft eine derartige Flut von Gütern, Standards und mit diesen verwobenen Handlungsweisen produziert, daß man sich schon sehr, sehr genau herauspicken muß, welches Ding oder welche Schrulle so wirklich typisch für genau unsere Zeit ist und deshalb bald verschwinden wird. Dabei zwingen mich die äußeren Umstände zum Handeln. Das Niederbayern des ausgehenden 20. Jahrhunderts ist von einem ungeheuren Recycling-Wahn erfaßt. Beinahe alle Produkte sind von solch minderwertiger Qualität, daß sie nicht lange in Gebrauch bleiben können. Sie müssen ersetzt und weggeworfen werden. Um diesen schnellen Verbrauchs- und Produktionszyklus zu ermöglichen, muß der Müll zum Rohstoff werden. Das heißt, dieselbe Menge an Materie, aus der früher ein Plattenspieler mit zwanzig Jahren „Lebens"dauer hergestellt wurde, muß heute und morgen im selben Zeitraum mindestens fünf Mal von einem windig verarbeiteten CD-Player in den nächsten morphen. Ein beinahe natürlicher Kreislauf, der mit zunehmender Perfektion der am Recyclingprozeß beteiligten Technologien immer weniger Überreste zurückläßt. Woraus aber bezieht unsere heutige Archäologie den Löwen- (oder vielleicht besser Dinosaurier-)anteil ihrer Erkenntnisse? Aus den Müllkippen und Gräbern vorhergegangener Generationen! Müllkippen scheiden heute aus, wie wir schon gesehen haben. Alle Rohstoffe werden rückgeführt. Unsere Gräber? Verbrannte Körper, häßliche, nichtssagende Grabsteine, verfaulendes, sich selbst kompostierendes Biomaterial, das in industriell vorgefertigten Urnen oder Holzkisten verklappt wird. Ohne Grabbeigaben. Auch die Unmengen an Datenmaterial, die unsere Informationsgesellschaft produziert: nutzlos. Schon mein PC kann das Datenformat seines acht Jahre alten Vorgängers nicht mehr direkt lesen, wie wird's dann erst in hundert Jahren sein? Unsere Papierdatenträger zersetzen sich von selbst. Unsere Architektur? Ein Fall für die Abrißbirne.

Als besonders witzig erscheint mir in diesem Zusammenhang, daß gerade von uns, diesen hochgezüchteten, sich oft in ihrer Bedeutung maßlos überschätzenden Produkten der individualistischen Industriegesellschaft null komma garnix übrigbleibt, während es Massenkulturen und menschenrechtsverachtende Autokratien oder „Gottesstaaten" immer wieder geschafft haben, mit aller Kraft wenigstens ein paar ihrer Bosse mitsamt etlichem Material vorwärts in die Zukunft zu schießen.

Das erinnert mich an was. Nämlich daran, daß dieser Nietzsche mal geschrieben hat, daß es mitunter jene Fähigkeit, sich an vorhergegangene Ereignisse zu erinnern und diese zu interpretieren, ist, die den Menschen vom Tier unterscheidet. Das nehme ich mal ernst. Warum? Ich vermute, daß unser Kult um die eigene Geschichte eine Strategie ist, die den Erfolg unseres genetischen Materials sichern soll. Wenn es nämlich keine Geschichte gäbe, dann bräuchten sich unsere Anführer nicht in den verfrühten Herztod hineinschuften. Weil sich nämlich keiner an ihre Taten erinnern würde. Alle Schufterei, die über das Erhalten der unmittelbaren eigenen Körperfunktionen und das Erfüllen der grundlegendsten Bedürfnisse hinausginge, wäre umsonst. Völlig umsonst. Weil sich keiner daran erinnern würde. Fortschritt für die Menschheit ist aber nur dann möglich, wenn zumindest ein paar von uns über sich hinauswachsen und Mehrarbeit leisten, stellvertretend für den ganzen Rest. Sie arbeiten für ihren eigenen Ruhm. Nicht nur in der Jetztzeit, sondern auch und gerade für die „Nachwelt". Und indem sie das tun, sorgen sie für Fortschritt. Ganz nebenbei. Fortschritt ist also der Abfall unseres übersteigerten Geschichtsbewußtseins. Und Denkmäler und Straßennamen und Enzyklopädien sind die Motoren. Übermenschliche Anstrengungen lohnen sich nur, wenn man dafür bezahlt wird. Erinnerungen sind die Zinsen für vergangene Großtaten.

Wunderschön.

Nicht?

Nicht wunderschön?

Eher schmerzhaft und banal?

Kein Wunder, denn während ich das hier schreibe, gucke ich fern. Jetzt kommt die Fernsehwerbung. Eine Frau fährt einen riesengroßen Kombi und hat Spaß dabei. Alle Frauen, die ich kenne, hassen riesengroße Kombis mit einer verdächtigen Inbrunst, dieser Teil des Spots ist also reine Fiktion. Eine Frau kann keinen Spaß beim Kombifahren haben, es sei denn, sie überfährt gerade ihren untreuen Ehemann mit einem Kombi. Ah! Jetzt kommt der wahre Teil des Kombi-Spots: Die Schlußeinstellung zeigt den Kombi vor einem schönen Einfamilienhaus mit Garten, die glückliche Familie hüpft beschwingt in das frischgestrichene Haus hinein und vor dem Kombi macht sich's ein Hund bequem. Das ist der wahre Teil des Spots. Mein alter Agenturchef hat immer gesagt: „Das Produkt mit einem Tier zeigen, Hack! Das ist es. Das Produkt mit einem Tier zeigen. Da überträgt sich der Sympathiewert des Tieres auf das Produkt und das Produkt wird gekauft!" Jawohl, Chef! Ich mache also eine Reklame für einen Rüstungskonzern. Das Produkt ist eine kleine, tragbare

Foto: Schricker

Luftabwehrrakete. Taugt für feindliche Kampfhubschrauber, taugt für Jumbo-Jets, die zwecks terroristischer Akte vom Himmel geholt werden. Ich fotografiere das Ding zusammen mit Waldi, dem knuddeligen Agenturhund. Die Rakete verkauft sich wie blöd. Das Produkt mit einem Hund zeigen. Ein fantastischer Tip, den sollte man beherzigen.

Es soll hier um Niederbayern gehen. Aber gern. Es gibt viel über Niederbayern zu sagen. Und alle tun das. Kabarettisten, Künstler, Musiker, alle hadern mit diesem Landstrich. Sie hadern und hadern. Mit der blöden Landbevölkerung und der CSU und ähnlichen Belanglosigkeiten. Manchmal mehr, manchmal weniger lukrativ. Ich hadere überhaupt nicht mit Niederbayern. Ich schreibe, wie's sein können wird. Archäologie in der Zukunft der soeben verflossenen Vergangenheit.

Zukunft.

Ein dunkler Raum.

Ein beinahe schwarzer Raum.

Ein rechteckiger, schwarzer Raum. Die Fenster an der Breitseite des Raumes waren mit schweren, alten Vorhängen abgedunkelt. Das eine einzige Fenster an der Stirnseite strahlte im rötlichgelben Licht, ein Rechteck aus diesem rötlichgelben Licht fiel in den Raum hinein und beleuchtete einen massigen Mann. Der Mann saß in einem Sessel an der Stirnseite eines großen, rechteckigen Tisches und er saß als einziger im Licht. Die anderen im Raum saßen im Dunklen. Es waren die niederbayerischen Stadträte. Der Mann im Licht war der Bürgermeister. Der Bürgermeister saß zwar im Licht, aber für die Stadträte sah er im sanften Gegenlicht der untergehenden Sonne selbstverständlich schematisch schwarz aus. Eins zu eins, könnte man da sagen, duster sieht's für alle aus. Vor allem für die Finanzen der Stadt. Das ist der historische Aspekt dieser Geschichte, denn die typische niederbayerische Gemeinde am Ausgang des zwanzigsten Jahrhunderts lebt beinahe ausschließlich von irgendwelchen Zuschüssen. Jaja, woher nehmen?

„Wir bekommen einen beachtenswerten Zuschuß von der Landesregierung, wenn wir es schaffen, fünf Zuschüsse vom Regierungsbezirk bewilligt zu kriegen."

„Einen Bonus-Zuschuß?"

„Sowas ähnliches."

„Also müssen wir mindestens fünf Zuschüsse beantragen?"

„Eeeee-Xakt!"

„Was haben wir, Kämmerer?"

Der Kämmerer schob sich seine klobige Brille auf der Nase zurecht und grabbelte etliche bunte Akten aus seinem billigen Hartschalenköfferchen von Conrad-Electronic. Ein Formular auf hellgrünem Papier schien ihn besonders zu amüsieren:

„Wir kriegen einen Zuschuß von Hunderttausend aus dem Regionalfonds für Religionsausgleich, wenn wir eine Moschee bauen!"

„Sehr gut", sagte der Bürgermeister. „Machen wir."

„Aber der Anteil von moslemischen Mitbürgern in unserer Gemeinde beträgt weniger als nullkommanulldrei Prozent, Sir!"

„Egal. Eine Moschee beweist unsere Weltoffenheit. Das Ding wird gebaut. Basta! Weiter, Kämmerer!"

Noch ein Papier. Farbe: Leicht bräunlich.

„Ein Zuschuß für die Unterbringung uninteressanter Kläranlagenfotos in der Lokalpresse."

„Wozu das denn?"

„Soll die Überlegenheit der deutschen Abwassertechnologie kommunizieren."

„Ah-ha. Exzellent. Munzlsberger! Sie machen gleich morgen ein paar schöne PR-Fotos von unserem Klärbecken. Wenn sich morgens die aufgehende Sonne drin spiegelt. Das bringt mindestens nen Tausender!"

„Jawohl, Bürgermeister!"

„Was noch?"

„Zuschüsse für die nochmalige Neupflasterung soeben neu gepflasterter Altstadtstraßen. Aber nur, wenn die nochmalige Neupflasterung innerhalb der ersten drei Monate der letzten Pflasterung erfolgt und mindestens das doppelte dieser vorhergehenden Pflasterung kostet."

Foto: Mooser

„Wir haben erst die Hauptstraße neu pflastern lassen.“

„Ausgezeichnet. Gleich wieder aufreißen und nochmal neu pflastern lassen.“

„Gebongt, Bürgermeister.“

„Sieht gut aus. Nur noch zwei.“

„Der is gut! Zuschüsse für progressive Kirchturmeingerüstung. Wer seinen Kirchturm länger als elf Monate bis zur absoluten Unkenntlichkeit eingerüstet, bekommt den Gegenwert von fünf Monaten Eingerüstungskosten in Einheiten bei der ehemals staatlichen Telefongesellschaft. Das ist so gut wie Bargeld, Bürgermeister!“

„Wie kommt denn das?“

„Ein Deal der Bezirksregierung und diverser Bauunternehmer mit der Telekom, Bürgermeister. Die Telekom hat alle Leitungen unterirdisch verlegt und die ehemaligen Pfosten der Überlandleitungen als Bauholz verkauft, welches sich nach diversen Umarbeitungen hervorragend für Gerüstkonstruktion eignet. Leider aber gibt es nicht so viele Möglichkeiten zur Eingerüstung. Da hat man sich den Zuschuß als Anreiz überlegt.“

„Und wieso ausgerechnet Kirchtürme?“

„Um Kirchtürme einzugerüsten, braucht man besonders viel Gerüst, Bürgermeister!“

Der Schatten des Bürgermeisters bewegte sich leicht. Ein Zeichen der Zustimmung.

„Jetzt noch ein Vorschlag, Kämmerer!“

Spitzfingrig zupfte der Untergebene ein graues Formular aus der Tasche. Recyclingpapier.

„Ein besonderes Schmankerl.“

Der Schatten des Bürgermeisters rückte näher. Er stand auf. Er verdeckte beinahe das ganze rot leuchtende Fensterquadrat hinter sich.

„Soso?“

„Ein Zuschuß für das Heimatmuseum.“

„Hahaaa! Lassen Sie hören!“

Fade to black. Schnitt.

Die Autowerkstatt klang glockenspielhaft: Dingeldidong! Gar eifrige Schraubenschlüssel hallten durchs Wellblech, dumpf zischende Hydraulikbühnen ließen auf wackeligen Schränkchen abgestellte Bierdosen hohl gegeneinanderwackeln, frisch ausgefurzte Abgasfahnen wehten rußig durch schlecht befestigte Tittenkalender an den fettigen Wänden. Hier, zwischen Öl und Dreck, vegetierten nicht nur Ratten und Kakerlaken, sondern unter anderem auch der Mich. Der Mich rollte unter seinem maroden Benz hervor. Keine Chance für TÜV und ASU. Alle Werte korrigiert. Wieder vier Jahre Gnadenfrist für den 190er.

„Super!“ Der Mich freute sich und rollte zu einem der Schränkchen und fingerte von unten nach den klappernden Bierdosen. Alle leer. Das erforderte sein Aufstehen. Aufstehen mochte der Mich gar nicht. Weder jetzt noch am Morgen. Sein Lebensstil schien das einfach nicht erforderlich zu machen.

Aufstehen. Autos reparieren. Schlafen.

Rekursive Schleife. Der Mich wußte nicht, was dieser Begriff bedeutete, aber er bemühte sich aufrichtig, ihn zu leben. Jeden Tag möglichst identische Abläufe. Der Mich verließ seine Werkstatt. Gegenüber: Ein Bauernhof, dahinter steile Hügel, überzogen vom Drahtgespinst der Hopfengärten. Noch weiter hinten die Autobahn. Tagsüber ein Grollen, nachts ein sanftes Rauschen, beinahe wie Wald. Der kleine Mich in seinem Zimmer am Waldrand hatte nicht mal gewußt, was das war, eine Autobahn. Heute schoß sie hinter seinem Haus vorbei. Unterbewußt beherrschte Mich eine der effektivsten und intelligentesten menschlichen Kulturtechniken. Er beschloß, mit den Autos zu heulen und eine Werkstatt zu eröffnen. Eine glückliche Idee für einen zähen, tüchtigen Mann wie den Mich. Manche Nacht drängt etwas in ihm empor und er wirft sich in seine schärfsten Klamotten und sucht sein Stammcafé und seine Stammdisco in der benachbarten Kleinstadt auf. Er könnte auch nach Regensburg fahren, aber das macht er nicht, da kennt er schließlich niemanden. In der Nachbarstadt kennt Mich absolut jeden, und das ist auch seine Falle, in die er immer wieder tappt, seine ganz persönliche, tückische, kleine Falle. Er kennt absolut jeden und alle kennen ihn und er kennt schon alle Frauen in der Disco und weiß, daß sie nichts für ihn sind oder sich nie für ihn interessieren werden. Der Mich hat keine Frau, das ist bitter für einen Familienmenschen wie ihn und dieses Wissen ist es, das ihn in die Nachbarstadt treibt, des öfteren. Aber die Falle schnappt immer wieder zu. Mich sucht und findet immer nur die Gefühle von letzter Woche. Rekursive Schleife. Die Falle ist eigentlich gar nicht so tückisch. Sie ist schon müde geworden und alt und zahnlos und Mich macht es immer weniger aus, sie jede Woche wieder zuschnappen zu lassen, er wird ja schließlich auch nicht jünger. So ist das. Mich kehrt dann in seine Werkstatt zurück und nimmt eine an ihrer Peripherie extrem belustigende Traurigkeit mit. Manchmal auch einen Rausch. Aber selten, der Mich ist ein angenehmer, vernünftiger Mensch. Wäre da nur nicht dieses bohrende Gefühl, die eigene Fortpflanzung zu verpassen. Das schlimmste aller Gefühle für einen Mann. Schlimmer als wenn einen die Frau verläßt, denn daß die Frau geht, bedeutet ja immerhin, daß man schon mal eine gehabt hat, was bei unserem Mich leider nicht der Fall war. Im Dorf gibt es eine Kramerin, die Michs Biermarke führt. Ein kleiner, verschrumpelnder Laden mit Persil-Kartons im Fenster. Große, satte Persil-Kartons aus der Zeit, in der sich die Frauen noch nicht zu schön gewesen waren, ausgewachsene Kartons nach Hause in die Waschküche zu schleppen, anstatt, wie heute, handtäschchenkleine Ultraperls-Behälter in die nicht recht viel größeren Kofferräume ihrer Cabrios zu schnipsen. Die Kramerin kennt den Mich schon aus der Zeit vor seiner Geburt, als er noch eine gewaltige Ausbuchtung am Bauch seiner Mutter gewesen war. Als Ausgleich dafür würde der Mich die Kramerin über ihren Tod hinaus kennen und ab und zu an ihrem Grab stehen, sie würde eine kleine, blumenbestandene, marmorumfaßte Ausbuchtung auf dem Gottesacker sein. Aber heute, heute noch nicht. Heute sind sie noch im Gleichgewicht. Die Kramerin gibt dem Mich sein Bier und der Mich gibt der Kramerin ihr Geld. Alles im Gleichgewicht. Mich und Kramerin müssen sich nicht unterhalten. Heute ist nichts passiert, das wissen beide. Michs Dorf war ein Ort, an dem traditionell nichts passierte. Selbst Katastrophen historischen Ausmaßes wie Seuchen und Weltkriege wurden durch die Abgelegenheit des Dorfes abgemildert oder gar völlig abgefedert. Es gab keine Bedrohungen durch Naturkatastrophen und der Boden hat schon immer genug zum Überleben hergegeben. Ein Ort, der die Menschen massiv dahingehend beeinflußte, daß sie sich überhaupt nicht zu ändern brauchten. Den Mich macht das zufrieden und traurig. Er kehrt heim in seine Garage und stellt den klirrenden Bierträger auf den Boden. Er sieht sich um. Umgeben von Autos. Daran sollte er etwas ändern, daran. Sollte er was ändern. Daran.

Dingdong!

Die Türklingel. Mich ging hin und öffnete. Draußen standen der Bürgermeister, der Stadtkämmerer, der Direktor des Heimatmuseums und der Herr Doktor Scheuginger.

„Servus, Mich!“ grüßte der Bürgermeister. In der hellen Öffnung der Werkstattschiebetür sahen die vier Besucher wie schwarzverdichtete Schatten aus.

„Habedieehre, Bürgermeister. Was gibt's?“

Der Bürgermeister-Schatten nickte kurz mit seinem Kinn hinter sich. Da stand ein Mercedes. Der Dienstwagen des Bürgermeisters.

„Wir waren gerade hier unterwegs“, erzählte der Kämmerer.

„Dann ist uns der Wagen verreckt“, behauptete der Museumsdirektor und hustete gekünstelt in sein Taschentuch. Bürgermeister und Kämmerer schoben den Benz in die schattige Werkstatt, der Direktor schlüpfte schnell ins Cockpit und entriegelte mit einem dunklen Schnappen die Motorhaube.

„Hätts'n aa draußn steh lassn kenna.“

„Is doch kein Problem, Mich”, sagte der Bürgermeister und klappte die Motorhaube hoch. „Hier drin geht alles besser.“

„Mag scho stimma“, stimmte der Mich zu und beugte sich vornüber, um nach dem Fehler zu suchen.

Foto: Schricker

„Halt!“ sagte der Kämmerer und hielt dem Mich ein Formular und einen Stift unter die Nase. „Das mußt du vorher noch unterschreiben. Eine Reparaturbescheinigung. Sonst kriegst dein Geld nicht aus der Stadtkasse!“

Scheißbürokraten. Mich unterschrieb sofort und machte sich an die Arbeit. Bis er vom Doktor eine geschickt angesetzte Spritze in den blaumannbespannten Arsch kriegte, von der er sofort ohnmächtig wurde und mit dem Gesicht in die öligen Innereien des Mercedes hineinkrachte, versteht sich.

Der Mich hatte ein Dokument unterschrieben, in dem stand, daß es ihm nichts ausmachen würde, nie wieder aufzuwachen. Er hatte seinen unversehrten Körper dem aktuellen Heimatpflege-Programm der bayerischen Staatsregierung anvertraut. Die biogenetische Konservierungs-Initiative (BKI), kombiniert mit dem Bavarian Genome Project (BGP) der Technischen Universität München. Gemeinden, die sich dazu bereit erklärten, mit einem ihrer Einwohner daran teilzunehmen, bekamen einen Zuschuß für ihr Heimatmuseum sowie eine Gratis-Kyro-Einheit – eine Art transparente Tiefkühltruhe – mit dem Körper des Freiwilligen darin, den sie dann nach der Entnahme der Biomaterialproben öffentlich als Zeitdokument ausstellen durften. Wozu das alles? Nun, es gibt ein Gen, das blond macht, es gibt Gene die schwul machen; genauso gibt es etliche eher verträumte, winzig kleine Gene, die einen zu überdurchschnittlichem Konsum von Erdbeereis veranlassen. Also muß es auch ein Gen geben, das einen zum Niederbayern macht. Oder Gene, die einen Niederbayern ausmachen. Die bayerische Staatsregierung wollte schon immer genau wissen, woraus ein echter Bayer gemacht ist. Sie will diese Gene finden und herauskriegen, wer zum Bayerntum berechtigt ist und wer nicht.

Der Mich ist ein echter Bayer, aber er hat jetzt nichts mehr davon. Bürgermeister und Stadtrat haben seine Werkstatt einfach zu einer Außenstelle des Heimatmuseums erklärt und jetzt steht der Mich in seinem originalen Blaumann tiefgefroren neben seinem konservierten 190er Mercedes und um ihn herum sind die typischen Werkzeuge eines Automechanikers aus dem ausgehenden zwanzigsten Jahrhundert angeordnet. Grabbeigaben. Inklusive des zuletzt gekauften Bierkastens. So steht er jetzt da und ab und zu erscheinen kompakte Schatten in den Fenstervierecken und blinzeln ihm neugierig zu. Die Schatten fröstelt es bei seinem Anblick, doch den Mich fröstelt nichts mehr, obwohl seine Körpertemperatur weit unter Null abgesenkt worden ist. Nur an manchen Freitagabenden drängt ein einstmals mächtiges Gefühl in Michs Körper hoch und dann würde er gerne seinen Benz erreichen und einsteigen und in die Nachbarstadt fahren und seine gute, alte Falle zuschnappen lassen.

Epilog 1:

Der Bürgermeister bekam seinen Bonus-Zuschuß für die erfolgreiche Anforderung von fünf regionalen Zuschüssen übrigens nicht. Der türkische Gemüsehändler und seine Familie zogen zu ihren Verwandten in die Großstadt zurück und damit wurde die Errichtung einer Moschee mangels vorhandener Moslems obsolet.

Epilog 2:

Wie kam es eigentlich wirklich zur Initiierung der biogenetischen Konservierungs-Initiative? Genau so: Staatssekretär Sumsinger durchblätterte einen Lobbyisten-Katalogwald. Dabei erregte das Bild auf einem Informationsblatt eines Landshuter Tieftemperaturgeräte-Herstellers seine besondere Aufmerksamkeit. Ein absolut schnuckeliger, kleiner Schnauzer mit Sonnenbrille auf, der sich an einen „Human-Kyro-Tank: Modell Antarktis“ kuschelte. Werbetext: „Coole Hunde bevorzugen zur Archivierung von Biomaterial Kyro-Tanks der Marke Antarktis!“ Sowas Treuherziges! Der Staatssekretär war auch nur ein Mensch. Er konnte dem Hundchen nicht widerstehen. Ein Kyro-Tank mußte her, am besten gleich mehrere! Aber wozu nur...? Da sollte er sich was einfallen lassen!

Das Produkt immer mit einem Hund zeigen!

Foto: Schricker

Harald Grill

Ausfahrt Hengersberg

(nach stephen crane)

an da tankstell
hab i oan gsehng
nackert wia r a viech is a gwen
aafm blankn beton is a ghockt
hat sei herz in de händ ghaltn und
hat gfressn davo

sag i zu eahm
schmeckt s freind

moant er
bitter is s

bitter

aber i mag s
wal s bitter is
und wal s mei herz is

Landshut, Hofgarten

Foto: Mooser

Anke Humpeneder-Graf

Cinderella in LA

Foto: Zdera

Keinen geringeren als Walt Disney himself, einst Pionier und heute Gigant am Himmel der bewegten Zeichnungen, konnte man anno 1956 am gotischen Busen Bayerns sitzen sehen, in den Niederungen der vielgerühmten Landshuter Altstadt. Sein Sightseeing war kein bloßes Touristenvergnügen, vielmehr ein Arbeitsbesuch, fand er doch hier, inmitten der weichen Hügel Niederbayerns, die Kulisse, die er suchte und die ihm sein ganzes, weites Amerika nicht hatte bieten können. In seinem Land, in dem es kein Gebäude gibt, das mehr als 150 Jahre alt ist, riß man sich um Disney's Adaptionen deutscher Volksmärchen, wie „Cinderella" und „Snow White and the Seven Dwarfs", deren Handlung er in ein vages Mittelalter setzte.

Wie schön es ist, sich in historischer Kulisse in vergangene oder auch märchenhafte Welten hineinzuträumen, zeigt der dauerhafte Erfolg der Grimmschen Märchen genauso wie die nun beinahe ein Jahrhundert währende turnusmäßig wiederkehrende Aufführung der Landshuter Hochzeit.

Was mag der Königssohn seiner Cinderella ins Ohr geflüstert haben, als er sie hoch zu Roß mitnahm in sein Schloß? Was der bayerische Herzogssohn der polnischen Königstochter? Ulrich Fuetrer, Landshuter und Zeitzeuge der originalen Landshuter Hochzeit, schrieb in seinem „Buch der Abenteuer“ (entstanden 1473 – 1478) über den Hof Albrechts IV. folgende Zeilen:

„Ir roter mund gesuesset
hiess in wilkumen sein.
sunss ward der helld gegrüesset.
davon im schwinnden mocht wol sende pein.
geküsset ward er von ir roten munnde,
mit liecht und plancken armen klar
druckt si in an ihr prüstlein manig stunde (...).
Und traff zúe mittem herczen
das minnicliche weib.
dy wund pracht freud und schmerczen.
si iach: ‚von gmach ich euch heint nicht vertreib
(...)
ich läg euch pey piß an den liechten morgen‘ (...)“

Manch Mägdlein des zwanzigsten Jahrhunderts träumt noch heute von dem tapferen Ritter, der es auf seinem stolzen Pferd den Hofberg hinauf in seine strahlende Burg entführt. Und nicht von ungefähr ist der nächtlich verbotene Hofgarten ein beliebter Ort für romantische Schäferstündchen.

Lassen wir die Cinderella unserer Tage doch einmal im heutigen Landshut nach ihrem Prinzen suchen, lassen wir sie – wie im Märchen – sich in die besten Klamotten und mitten ins abendliche Geschehen stürzen. Und lassen wir sie am Fuße der alten Bergstraße beginnen, am Fuße des Hofberges, direkt unter der Trausnitz.

Den sehnsüchtigen Blick hinauf zur Burg, dem Ziel ihrer Träume, den sich Prinzessin Jadwiga noch leisten konnte, muß unsere Cinderella sich allerdings verkneifen. Ein Neubau, ein paar Stockwerke zu hoch für die Gegend, versperrt ihr den Blick. Aber wenn sie herum geht um die Kurve und die Straße überquert, dann kann sie es sehen, ihr Märchenschloß aus vergangener Zeit. Rechts über der Burg Trausnitz steht die große Scheibe des Mondes; hell strahlt der scheinwerferbeleuchtete Bau mit dem Himmelskörper um die Wette, in milchigem Weiß, wie die paar Wolken, die einen Hof um seine Scheibe bilden. Drumherum ist Nacht. Kitschig und doch genauso zu erleben.

Gleich neben dem imposanten Eckhaus, um das die neugierige Cinderella eben herumgehen mußte, stehen drei schmale, hohe Häuser mit herrlichen gotischen Giebelchen in netten gotischen Pastellfarben. Zu gotisch fast, um wahr zu sein. Gut genug für Disneylands Märchenkulisse – und genauso unecht. Vor zwanzig Jahren schon mußte hier ein langes, relativ niedriges traufständiges Haus den drei Neubauten weichen. Dieses Haus war hineinkomponiert worden in die Zeile des Platzes, sein Piano bildete den langsamen Auftakt, bevor der anschließende Eckbau mit furiosem Crescendo anhob zum Höhepunkt dieser Straße. Doch war es alt. In den drei Giebelchen der Neubauten bringt man zudem viel mehr Fenster unter, das heißt natürlich auch mehr vermietbare Fläche – ein ganzes Stockwerk immerhin. Touristen bemerken die schmucken Fälschungen kaum und auch den Einheimischen verschwimmt irgendwann die Erinnerung. Gotisch schaut es ja aus, dafür sind wir schließlich berühmt und außerdem ist es die Aufgabe der Innenstadt, zuallererst Kulisse zu sein. Nicht für den Film, auch nicht für Disney, sondern für das Spektakel dahier schlechthin, für die Landshuter Hochzeit. Deshalb also gotisch. Im Groben zumindest. Die Fassade wenigstens, beziehungsweise deren wesentlichste Züge.

Natürlich darf man nicht zu genau hinschauen, denn ein mit viel Liebe und viel Handwerkskunst gebautes gotisches Bürger- oder auch Handwerkerhaus hat allemal anders ausgesehen. Unterschiedliche Geschoßhöhen – bedingt durch den Werkstattladen oder die Handelsdiele im Erdgeschoß, die mit Gewölben oder Balkendecken ausgestattet war – und variierende Fensterhöhen von Stockwerk zu Stockwerk, die der Fassade ein ganz persönliches Gesicht gaben, sind nur die augenscheinlichsten Unterschiede. Wie anders die sterile Siebziger-Jahre-Gotik!

Nun, da hat man heute, in den späten Neunzigern hoffentlich daraus gelernt, denkt sich unsere Cinderella, wendet sich ab und richtet ihre Schritte hin zum „Wintergarten“, dem ersten Lokal auf ihrem nächtlichen Streifzug.

Dabei ahnt sie nicht, daß die Geier mit der Abrißbirne schon über dem nächsten Haus dort oben kreisen, über dem Letzgus-Lang-Haus am Dreifaltigkeitsplatz nämlich, denn das ist „nur“ Jugendstil und man könnte da doch etwas viel Gotischeres hineinbauen. Eine alte „Bausünde“ mit einer neuen – nach allen Erfahrungen mit derzeitiger Landshuter Baukunst viel schrecklicheren – Bausünde zu verschlimmbessern, hieße, ein weiteres Stück echtes Landshut durch den Schein einer hohlen Fratze zu ersetzen. Zumal der Bau aus dem Jahre 1903 mit Gespür für die Komposition der Häuserreihe eingefügt worden ist, durch das Anschwellen seiner überbreiten Fassade die Zeile geschickt rhythmisiert. Doch alles, was nicht gotisch ist, scheint allemal Freiwild zu sein in Landshut, es paßt nicht zum Image.

Von solchen Gedanken angetrübt betritt Cinderella mittlerweile den „Wintergarten“. Es ist das Terrain solariengebräunter Dekolletés und bodygeblähter Oberarme. (Auch hier herrscht der schöne Schein – sollte das symptomatisch sein für unsere Zeit, und sollte Cinderella sich nicht doch lieber zurückwünschen in die verklärte Vergangenheit, zur Stiefmutter der ersten Version?) Ihr Blick schweift in die Runde – hundert Blicke schweifen zurück. Denn gna-

Foto: Zdera

denlos ist jeder Neuankömmling dem prüfenden Augenschein derer ausgesetzt, die sich bereits geschickt im Raum drapiert und ein geeignetes Plätzchen zum Balzen gefunden haben. So viele schicke Leiber, die sich von ihrer besten Seite zeigen, vermögen ein armes Aschenputtel vielleicht einzuschüchtern, doch unsere Cinderella ist nicht von gestern, pariert geschickt alle Blicke und defiliert nicht weniger cool als die anderen Anwesenden einmal mitten durch den Saal. Sie grüßt die paar Hanseln, die sie kennt, hat aber keine Lust, sich über die optimale Schlägerbespannung für den Grasplatz oder das letzte Heimspiel der hiesigen Eishockeymannschaft zu unterhalten. Auch nicht mit den Spielern selbst. Zuviele Mallorca-Schnelltouristen und zuviel Kalkül liegen in der miefigen Luft, als daß Cinderella sich wohlfühlen könnte. Zu laut die Musik für den noch jungen Abend. Geschickt kaschiert die Phonzahl die Sprachlosigkeit der Fit-for-fun-Jugend. Der BWL-studierende Berufssohn schenkt ihr ein joviales Lächeln, sie fletscht die Zähne und macht kehrt, um das Lokal auf dem gleichen Weg zu verlassen, auf dem sie es betreten hat. Ab und an läßt sie sich dazu herab, ein paar schnelle, kurze Worte zu wechseln, den Gepflogenheiten der Umgebung Folge leistend. Die Wolke „Joop" von der Dame neben dem Eingang begleitet sie noch bis hinaus an die Straße. Dabei ist ihr von dem süßen Duft schon schlecht geworden, als er noch modern war.

Die frische Luft tut gut. Reges Treiben herrscht noch auf der Straße, die Eiscafés sind bevölkert, vereinzelt ziehen noch haarlackgestylte Cabriofahrer und tiefergelegte Escortspoiler ihre Kreise stadtauf, stadtab.

Der Dreifaltigkeitsplatz markiert das obere Ende der Altstadt, des Stadtkerns, in dem sich auch heute noch das Treiben konzentriert. Vor gut hundert Jahren war er ein richtiger Platz, gemütlich und nahezu geschlossen nach oben hin durch das „Münchner Tor" – eine Zäsur, bevor es hinausging Richtung München, ein optischer Abschluß für die, die drinnen blieben, für die meisten also. Das „Münchner Tor" wurde schon lange dem Verkehr geopfert, mit ihm, Stück für Stück, der Charme des Platzes.

Auch am anderen Ende der historischen Innenstadt gibt es einen Platz. Den Bischof-Sailer-Platz, am unteren Ende der Neustadt gelegen. Er ist Zeuge und Opfer zugleich eines der größten städtebaulichen Verbrechen, das die Stadt in jüngster Zeit erleiden mußte. Cinderella erinnert sich an ihren Freund aus Jugendtagen, der das Privileg genoß, im obersten Stockwerk des dortigen Feuerwehrhauses zu wohnen. Nur der Familie eines echten Feuerwehrmannes war solches möglich und sein Vater war so einer gewesen. So wuchs er im obersten, im vierten Stockwerk der großen hellgrünen Feuerwache auf, unter ihm die Garagen der Löschfahrzeuge, das Einwohnermeldeamt und einige Ämter mehr. Das kubische Gebäude war eine gelungene Verbindung von nüchterner Sachlichkeit mit großen Dimensionen. Als schlichter Bau des Rationalismus wirkte er durch den Verzicht auf sinnliche Formen und sein Bedürfnis nach axialer Symmetrie. Mit äußerster Sorgfalt waren seine einzelnen Bauteile gegeneinander abgewogen.

Schon der Weg nach oben war jedes Mal wieder etwas Besonderes. Ein alter Aufzug, der nur von demjenigen bedient werden konnte, der einen Schlüssel dafür hatte, führte hinauf. Man konnte von außen, von der rückwärtigen Seite des Gebäudes, einsteigen. Der metallene Kasten mit dem schweren Holzboden verrichtete behäbig, doch sehr zuverlässig seine Dienste durch die Jahrzehnte. Wände und Türen mit kleinen Fensterchen glitten an den Hochfahrenden vorüber, denn Seitenwände gab es nicht. Ein Steckenbleiben brauchte keiner zu fürchten, Frischluftzufuhr war durch unzählige Ritzen garantiert. In den vielen Jahren, da sie in diesem Haus verkehrte, hat Cinderella niemals sonst jemanden mit diesem Aufzug fahren sehen, der ja eigentlich als Lastenaufzug gedacht war, und sehr exklusiv erschien ihr das Privileg ihres Freundes.

Vor dem Gebäude gab es einen öffentlichen Parkplatz, der von zwei Seiten eingerahmt wurde, denn im rechten Winkel zur Feuerwache, verbunden mit einem großen hölzernen Tor, befand sich das sogenannte „Gast-Haus“. Die anderen beiden Seiten waren zur Straße hin geöffnet, sogar ein paar Bäumchen durften wachsen, das erste Grün immerhin nach den baumlosen Prachtstraßen Alt- und Neustadt. Das „Gast“-Anwesen, ein Prunkbau im späten Jugendstil, mit Erkern und Dachgauben, war ganz anders als der vergleichsweise nüchterne Zweckbau und doch standen die beiden Gebäude wie in einer Art Symbiose zueinander.

Das Atelier des Malers Engelbert Hilbich war darin untergebracht und auch die steinalte Frau hat dort gewohnt, die fast jeder Landshuter gekannt hat, der ab und zu im Kino war. Nicht allzu freundlich hat sie den Besuchern des „Kronprinz“-Kinos ihre Plätze angewiesen und zum „Aufschließen bitte“ gezwungen. Dabei hat sie nur schlecht gehört, und ihr Mann war schon lange tot. Das „Gast-Haus“ war ein Haus, das Geschichten erzählen konnte. Der hölzerne Handlauf der Treppe und ihre knarzenden Stufen, kunstvolle Fenster und Türrahmen, Wände, die weich und wellig erschienen von den zahlreichen Tünchschichten – seine Atmosphäre war etwas, das der beste Architekt und die besten Maurer nicht errichten können, so etwas vermag nur die Zeit.

Sicher nicht der beste Architekt war es, der den riesigen Sparkassenneubau plante, der nach dem Abriß der Feuerwache, des „Gast-Hauses“ und zweier angrenzender Gebäude (in dem einen war seinerzeit das erste öffentliche Wannen- und Brausebad der Stadt untergebracht) den Bischof-Sailer-Platz nun gestaltet.

Gestalten ist jedoch nicht das treffende Wort, die Tatsachen kommen einer Vergewaltigung des Platzes bedeutend näher. Vom lockeren Arrangement der Gebäude vorher, mit Raum für Licht und Luft, ist nichts geblieben, der neue, massige Bau drängt sich weit hinein in die Straße, degradiert den einstigen Platz zur bloßen Kreuzung. Zwei anschließende Gebäude eines Immobiliengiganten stehen so dicht beieinander, daß man sich beim Blick in die Höhe in den Schluchten Manhattans wähnt. Eine Stadt, die solcherlei Treiben genehmigt, verschleudert das Erbe ihrer Ahnen, ohne an ihre eigenen Erben zu denken. Was sie hinterläßt, ist nicht der Rede wert. Es gibt kaum ein Beispiel für wirklich gute moderne Architektur in Landshut, der Stadt, die sich mit Superlativen aus vergangenen Jahrhunderten rühmen darf wie dem vielzitierten „höchsten Backsteinturm der Welt“, dem ersten Renaissancepalazzo nördlich der Alpen oder der einzigen monumentalen Darstellung von Commedia dell'Arte-Szenen.

Natürlich werden diese Highlights nicht angekratzt und es gibt eine ganze Reihe von wunderbaren Beispielen für gelungene Denkmalpflege, doch langfristig werden die vielen kleinen Nadelstiche das Stadtbild verändern, der gewachsene Rhythmus kleinerer Häuser wird dem schnellen Profit geopfert. Was verloren geht, ist Lebensqualität, wer draufzahlt, sind die Menschen.

Und da sind wir wieder bei unserer Cinderella, die am Samstagabend ihre Liebe sucht, so wie schon an manch einem Samstagabend zuvor. Ihr nächtlicher Weg führt sie wie gewohnt in den „Schwarzen Hahn“, die gemütlichste und dienstälteste Stube der Landshuter Kneipenszene. Noch ist es ruhig im „Hahn“, so ruhig, daß man das Quietschen der Tür in allen Klangfarben seiner Melodie wahrnehmen kann, wenn man das Lokal betritt. Auf einem Barhocker sitzt ganz allein eine Frau mit jenem feingesponnenen, intensiven Blick, der manchmal neurotisch ist, manchmal sex-hungrig und manchmal einfach das Ergebnis drastischer Diät. Ein fetter Mann kommt herein und mit ihm ein Schwall Körpergeruch, der sich im Lauf des Abends aber mit dem Dunst unzähliger Zigaretten und ebensovieler Biere mischen und schließlich darin verlieren wird. Der routinierteste Wirt der Stadt wird noch ebenso ruhig bleiben, wenn eine Stunde später der Pulk am Ausschank unüberschaubar ist und er beidhändig einschenken muß. Nicht zuletzt der enorme Bierkonsum seiner Gäste – und damit seine Rentabilität – haben das Haus bislang vor dem Abriß bewahrt. Hier verbrachte unsere Cinderella schon so manchen Abend bei trockenem Weißwein und anregenden Gesprächen. Und nicht selten fand sie sich in den Armen ihres jeweiligen Gesprächspartners wieder, wenn pünktlich zur Sperrstunde das Licht ausging.

Nicht so heute nacht, heute begibt sie sich mit einem Grüppchen weiterer Gäste noch ins „Bauhaus“. Sie verläßt beinahe als letzte das Lokal und ist schon abgebogen Richtung Martinskirche, als der Betrunkene, der bis zuletzt schweigend an der Theke verharrt ist, vor die Tür tritt. Würde er seinen Blick nach oben richten, könnte er zur einen Seite die hell strahlende Burg Trausnitz auf dem dunkel bewaldeten Burgberg erkennen, zur anderen Seite den hoch emporragenden Turm der Martinskirche. Doch dafür ist er viel zu sehr mit sich selbst beschäftigt.

Unsere Cinderella dagegen versäumt es nie, hinauf zu schauen und an die Zeiten zu denken, von denen die Architektur so vieles erzählt. Schon in den ersten Jahrzehnten nach Gründung der Stadt und der Burg im frühen 13. Jahrhundert sah man dort oben solch illustre Gäste wie Friedrich II. von Hohenstaufen oder ritterliche Dichter wie Neidhard von Reuental, Reinbot von Durne und den Tannhäuser. Konradin, der letzte Staufer, verbrachte wichtige Jahre seiner Kindheit dort. Ihren Namen bekam die Trausnitz erst Mitte des 16. Jahrhunderts, als durch den „Neupau unseres gnädigen Herrn“ (Stadtsteuerbuch, 1549), die Residenz in der Altstadt, eine eigene Bezeichnung nötig wurde. Zur Zeit der opulenten Hofhaltung Wilhelms V. ab 1568 wurden Personal und

Blick auf St. Martin und Burg Trausnitz Foto: Zdera

Künstler aus ganz Europa beschäftigt, sogar „Ungläubige aus dem Reich des Sultans“. Es gab Zwerge aus dem Orient und Mohren aus Hafenstädten wie Lissabon, Genua und Venedig. Und es gab zwei Pfleger für die exotischen Tiere: Papageien und einen Bär, auch einmal eine Löwin und 1578 einen Tiger. Orlando di Lasso musizierte dort oben und Vertreter der noch jungen italienischen Commedia dell'Arte spielten Theater. Im 18. Jahrhundert diente der Wittelsbacher Turm als Gefängnis für die oberen Stände (sog. Festungshaft), die Burg wurde Wollzeugfabrik im Barock, in den napoleonischen Kriegen Kaserne und Lazarett, 1851 Choleraspital.

Die Freunde um Cinderella haben inzwischen die Martinskirche passiert, wie immer von einem kühlen Wind umweht an dieser zugigsten Ecke Landshuts. Genau kennt unsere Heldin die Stelle an der B11, wo der Turm hinter der hohen Pappel auftaucht und sich dem Heimkehrenden aus München zum ersten Mal in seiner ganzen Größe zeigt (aus jeder anderen Richtung wird man zuerst durch die steile Dampfsäule des Kühlturmes von Ohu II begrüßt).

Der große Kran schläft heute nacht, doch schon am Montag wird er wieder beginnen, willig die dikken Balken aufzunehmen und wegzuschwenken auf den Bauschutthaufen daneben. Die weit klaffende Wunde im Rückgebäude des Scharrerhauses, gleich neben St. Martin, lenkt den Blick auf ein offen daliegendes, sanft geschwungenes, hölzernes Treppenhaus. Spätestens Montag abend wird es auch weg sein. Das Sterben alter Häuser, die sie begleitet haben durch ihre Jugend, erlebt Cinderella immer wieder schmerzlich wie den Verlust eines guten Bekannten. Der Abriß war abzusehen, denn schon lange konnte man das gezielte Verfallen-lassen des Hauses beobachten. Keine Bewohner mehr, kaputte Fensterscheiben, Taubenkot überall. Die Stadt macht keinen Gebrauch von ihrem Recht, eine Instandhaltung solcher Gebäude durchzusetzen. Die nächsten Baustellen kündigen sich schon an. Die renovierten Flächen aber werden Stück für Stück als Geschäfts- und Büroräume zweckentfremdet – Nutzungsänderungen zu Lasten von Wohnraum. Eine Innenstadt kann auch dadurch sterben, daß keine Menschen mehr darin wohnen.

Auch im „Zapata's“ in der Länd gehen gerade die letzten Gäste. Ein einsamer Cowboy steht noch am Tresen und blickt unverwandt in den breiten Spiegel, der die ganze Wand hinter der Theke einnimmt. Von der Spitze seiner bewegungslosen Zigarette steigt ein dünner Rauchfaden in die Höhe, vor seinem Gesicht vorbei, so dünn und gerade wie der Rauch eines im Morgengrauen verendenden Lagerfeuers.

Durch die Ländgasse, mitten auf der Straße, über das Auf und Ab des alten, ausgefahrenen Kopfsteinpflasters, geht unser Grüppchen weiter Richtung „Bauhaus“. Es passiert die Rückseite der Residenz mit ihren riesigen Rustikaquadern. Für den Bau des Renaissancepalazzo in den Jahren 1536 bis 1543 waren seinerzeit Importmaurer direkt aus Mantua geholt worden, nachdem die zunächst verpflichteten Augsburger Meister in ihrer biederen Art nicht dem Wunsch des Auftraggebers entsprochen hatten.

Die alten Gebäude geben den jungen Leuten Vertrauen in die Kontinuität von Geschichte. Sie machen das Früher weniger abstrakt. Die Residenz ist ein Beispiel dafür, daß man auch in Landshut phantastischen Denkmalschutz betreiben kann. Der häufig lautwerdende Vorwurf einer gewissen Alibihaftigkeit durch das erstklassige Erhalten nur weniger Einzelstücke findet beim Blick über die Straße sogleich neue Bestätigung. Aus zwei kleineren Häusern ist ein großes geworden, zwei Dachgauben sorgen für Nutzraum bis in den obersten Winkel. Das Gerüst ist erst halb abgebaut, die Farbe noch feucht.

Schon sind unsere Freunde zurück in der Altstadt, deren unteres Ende den Vögeln der Nacht das „Bauhaus“ markiert. Tagsüber besorgt das die Heilig-Geist-Kirche, besonders markant durch ihren seinerzeit unvollendeten Turm.

Die Verlängerung dieser prägendsten Achse Landshuts, die, anhebend am Dreifaltigkeitsplatz, in ihrem Hauptteil eingespannt ist zwischen St. Martin und der Heilig-Geist-Kirche, führt über zwei Isarbrücken kerzengerade hin nach Seligenthal, der Zisterziensergründung aus dem Jahre 1231.

Zwei ganz in Schwarz gekleidete Mädchen, noch keine Zwanzig, sitzen am Boden des langen, kahlen Ganges, der ins „Bauhaus" führt, der besten und verwegensten Diskothek der Stadt. Eine feuchte Hitze drängt sich zusammen mit den schnellen Bässen der Musik aus dem Dunkel den Besuchern entgegen. Der Geräuschpegel liegt über der Schmerzgrenze, die Ohren werden auf dem Heimweg noch ein gutes Stück nachklingen. Die skurilsten Outfits der Nacht geben sich hier ein Stelldichein, die Tänzer tanzen wild und einsam, geübte Nasen riechen den Joint aus der Ecke durch den Dunst von Bier und Qualm hindurch bis an die Treppe.

Das „Bauhaus" ist der Höhepunkt der Nacht, wer durchhält, bleibt bis drei Uhr früh. Nach einer guten Stunde hat Cinderella genug. Sie verläßt das Lokal und bleibt noch eine Weile davor stehen, zwischen mehreren Grüppchen junger Leute, die gelegentlich zum Luftschnappen und Abkühlen nach draußen kommen: Spindeldürre Burschen in viel zu großen Jeans und Mädchen mit schwarz lackierten Haaren, daß es aussieht wie frisch geteert. Glänzendes Metall funkelt ihnen nicht aus den Zähnen, sondern von Lippen und Augenbrauen – Paradiesvögel mit viel nackter Haut, tätowiert für die Ewigkeit.

Am Taxistand gegenüber warten drei Fahrzeuge auf Arbeit. Langsam geht Cinderella die Altstadt hinauf, den Blick auf die strahlend weiße Fassade der Residenz gerichtet. Ihren Prinz hat sie nicht gefunden, doch hat sie die Nacht mit ihrer großen Liebe verbracht, ihrer Stadt, berstend vor Geschichte. Für beide gibt sie die Hoffnung nicht auf, denn Märchen haben immer ein Happy-End.

Landshut, Hofgarten Foto: Mooser

Foto: Schricker

Karl Krieg

Innaufwärts

Foto: Schricker

Und dann gehts weg von Passau, innaufwärts. Weg von dem Ort, an dem der Inn Tag für Tag zwangsumgetauft wird. Tag für Tag bringt er seine Argumente dagegen wassermassenhaft ein, aus traditionellem Trotz.

Innaufwärts, mit dem einen Bein noch auf der bayerischen Seite, mit der anderen Hand schon hinübergegriffen nach dem kernigen Knödel, nach der hantigen Mostbirn. Der Kompaß zeigt mostwärts, im Neuburger Wald wirds endgültig zu schattig, ich verabschiede mich von den wegelagernden Feuersalamandern und winke das hölzerne Ausflugsschifferl heran, das gelegentlich Fährdienste leistet, obwohl es wie ein schwimmendes Schrebergartenhäusl aussieht.

Immer wenn ich in Wernstein im Oberösterreichischen an Land gehe, sehe ich den alten Kubin Alfred vorbeihinken, vom Fleischhauer kommend, einen dampfenden Eimer frischer Tierdärme schleppend. Er hat sichs hingestellt beim Malen, zur Inspiration. Statt Räucherstäbchen das Horrorvideo aus dem Zinkeimer.

Gern würd ich ein wenig hinaufmarschiern übern Berg mit dem Kubin, zu seinem Herrschaftshaus in Zwickledt, aber ich sollte ja innaufwärts und nicht bergauf. Vielleicht hätten wir am Ende noch den Franz Stelzhamer getroffen, den unruhigen Dichtergeist, auf einer seiner Lesereisen zu Fuß. Als ob eine Landschaft unruhig machen könnte, so eine ruhige. Oder grad, weil sich wenig rührt, grad weil es eine reine Knödelzufriedenheit nicht geben kann, gehört Quecksilbrigkeit in den Most hineingerührt:

„waun i a adal hed
des si ned riad
oft miaßt i mas aussaschneidn
jo daß mi ned iad."

Die zwei Attwenger-Musikanten haben dran erinnert, ihre Innviertler Volksmusik aufgemischt und vor lauter Freude ein Hauseck schneller gespielt. Da springen die Geißböck wieder, wie es sein soll, wenn sies attwengern hören. Im rechten Moment braucht jeder einen Gaudi-Galopp oder eine Auf-und-Davon-Polka. Und die rechten Momente nehmen wieder recht zu in Österreich, auch wenn es nicht die richtigen sind. Aber das soll keine Ausrede ins Österreichische hinüber sein, weil die rechten Momente überall mit dem richtigen Zeitpunkt gern verwechselt werden. „werch ein illtum" hüstelt der Jandl dazwischen und schon sitz ich vor meiner Knödelkost beim Kirchenwirt. Ein Hin- und Hersinnieren kommt mir da gleich zwischen die Gabelzinken und ich bestell mir einen Marillenschnaps, damits mir nicht wieder so schnell vergeht, die Nachdenkerei.

Die Neuburg grüßt mir ins Teller, ich lüge ihr gleich vor, ins Österreichische gewechselt zu sein, damit ich sie besser bewundern kann. Überraschend schnell ist sie zufrieden und schnappt bereits wieder nach Passauer Universitätsehr und -würdigkeiten. Ködert die neue Burgherrschaft mit Rapunzeltricks und goldenen Tellerchen aus der Taverne.

Da würde sich ein Blunzngröstl nicht gut machen drauf, meine ich, umrunde mehrmals die Mariensäule, strecke meinen Knödelbauch nochmal gegen die Neuburg, bevor mich mein Einkehrtrieb in den nächsten Biergarten zwingt. Und schon habe ich ein Blunzngröstl bestellt, obwohls gegen die Vernunft ist, gegen den Strom serviert wird und gegen die Kulinarik des 21. Jahrhunderts verstößt. Wer das sagt? Da genügen die übereifrigen Wegrücker aus dem Blunzendunst, das zunehmende Hüsteln hinter aufgestellten Handrücken. Und dabei ist das Blut eh das Sauberste in der Fleischhauerei und würde auch bei uns sauber dastehen, wenn nicht immer wieder jede Hühnerdrecksalami besser abschneiden würde. Grad so, als ob der AIDS-Teufel schon mal aus dem Blunznzipfel herausgeschaut hätt auf die Wertungsrichter. Indems mir aber schmeckt wie der Teufel, laß ich mich nicht mehr drausbringen durch so dumme Gedanken, wisch mir das fettige Maul ab mit dem Sacktuch und grins mir eine Schanigarten-Zufriedenheit ins Gesicht, die viele ansteckt.

Mit dem Innaufwärts ist es so eine Geschichte, da ist gar kein Vorwärtskommen, wenn man sich gern drausbringen läßt. Und schon spring ich auf, merke aber gleich, daß es mit der großen Beweglichkeit aus ist für heute und daß ein Weiterwandern nach Schärding zu einem Wurzelstolpern im Finstern werden würde. So lasse ich mir von der Wirtin den Fahrplan aufsagen, bestell mir noch ein Viertel Rot, stoß mit dem Sonnenuntergang auf Du an und fahre mit dem nächsten Zug zurück nach Passau, innabwärts, in die Stadt, in der Tag für Tag der Inn zwangsumgetauft wird.

Foto: Schricker

Foto: Schricker

Peter Ettl

Und dann

dann kommt der tag und geht und
die nacht kommt und geht dann
werden die vorhänge verrückt vor
den fenstern und die katze sucht in
der flucht wie immer ihr heil und draußen
heult der wind sein
gleiches lied
dann schüttet der briefträger die häuser
mit nachrichten zu die schlüssel entsperren
die botschaften die gefalteten blätter
atmen auf
dann kommt der tag und geht und
die nacht kommt und geht dann
werden draußen die ebenen zurückgezogen
die sonne krallt sich in die äcker und über den
hügeln geht der schwarze vogel in die
warteschleife

Foto: Schricker

Reiner Kunze

Verregneter Sommer

Morgen für morgen blickst du ins land ob die kuppeln der kirchtürme
nicht abfalln wie im garten die rosen die sich
nie öffneten

Die prozession entlang den überschwemmten wiesen trägt
einen baldachin aus schirmen

Schwieriger wird's von tag zu tag, gott
durch den regen zu bringen

Hinterm Donaudamm Foto: Schricker

Donau bei Irlbach

Foto: Mooser

Autoren, Fotografen, Herausgeber

Django Asül, geboren 1972 in Deggendorf, wurde türkisch erzogen, machte 1992 das bayerische Abitur und anschließend eine Banklehre, „in logisch-konsequenter Weise entwickelte ich mich zum Kabarettisten". Mit seinem ersten Soloprogramm „Hämokratie" gewann er 1996 den „Kabarett-Kaktus" in München und belegte den 2. Platz beim „Passauer Scharfrichterbeil". Lebt im Landkreis Deggendorf.

Sophie Behr, lebt seit gut 10 Jahren auf dem Barhof in der Nähe von Ruhstorf im Landkreis Passau. War 18 Jahre Redakteurin beim Nachrichtenmagazin „Der Spiegel", Mitarbeiterin u.a. beim WDR, „Emma" und „taz"; veröffentlichte: „nasenbaer & friends, Riecherinnerungen".

Hans Carossa, 1878 in Tölz geboren, arbeitete als Arzt in Passau, starb 1956 in Rittsteig bei Passau. Zahlreiche Veröffentlichungen u.a. „Die Flucht" (1916), „Ostern" (1920), „Eine Kindheit" (1922), „Rumänisches Tagebuch" (1924), „Das Jahr der schönen Täuschungen" (1941), „Stern über der Lichtung" (1946), „Der Tag des jungen Arztes" (1955).

Günter Eich, 1907 in Lebus an der Oder geboren, lebte von 1945 bis 1954 in Geisenhausen bei Landshut. Er starb 1972 in Salzburg. Gründungsmitglied der „Gruppe 47", zahlreiche Preise, z.B. 1952 Hörspielpreis der Kriegsblinden, 1959 Georg-Büchner-Preis, 1968 Schiller-Gedächtnispreis. Berühmt geworden als Lyriker und Hörspielautor: Hörspiele z.B. „Träume" (1950), „Sabeth" (1951), „Die Mädchen aus Viterbo" (1952) und Lyrikbände z.B. „Abgelegene Gehöfte" (1948), „Botschaften des Regens" (1955), „Zu den Akten" (1964), „Anlässe und Steingärten" (1966).

Hubert Ettl, geboren 1948 in Nittenau. Lebt in Viechtach, 1977-87 Hauptschullehrer. Geschäftsführer des lichtung-Verlags und Redakteur des Magazins „lichtung". Autor u.a. von „Kurt Raab. Hommage aus der Provinz" (1989), Herausgeber der Reise-Lesebuchreihe im lichtung-Verlag.

Peter Ettl, 1954 in Regensburg geboren, lebt als Redakteur und Schriftsteller in Otzing bei Plattling. Kulturförderpreis der Stadt Regensburg (1988), Kulturförderpreis Ostbayern (1980), Rolf-Ulrici-Preis (1972). Zahlreiche Veröffentlichungen – Gedichte, Geschichten, Satiren –, zuletzt: „Tausend Jahre wie ein Tag – Erinnerungen an Kreta", „Nachmieter für den Olymp gesucht", „Unter keltischen Himmeln", „Der schwarze Vogel geht in die Warteschleife".

Renate Ettl, 1966 in Landshut geboren, aufgewachsen in Dingolfing; freie Journalistin, Schriftstellerin, Fotografin, lebt in Otzing. Veröffentlichte mehrere Fachbücher, u.a. „Das Super Horse" (1995), Pferdewissen aus dem Wilden Westen" (1996), „Reiten in freier Natur" (1997), „Westernreiten Reining" (1997).

Birgit Fürst, geboren 1964 in Straubing. Absolventin der Deutschen Journalistenschule in München, seit 1988 Korrespondentin des Bayerischen Rundfunks in Straubing, Filmautorin des Bayerischen Fernsehens; veröffentlichte Beiträge in Zeitschriften und Büchern.

Verena von Gagern, 1946 in Bonn geboren, studierte Architektur in Aachen, München und in den USA. Seit 1972 als freischaffende Fotografin tätig, lebt seit 1991 bei Kirchdorf im Landkreis Rottal-Inn. Zahlreiche Ausstellungen u.a. in München, Zürich, Mailand, Amsterdam, Antwerpen. Veröffentlichungen in Fachzeitschriften wie „Zoom", „Camera", „Fotografie" und Büchern: „Neue Wege in der Fotografie" (1980), „Architectural" (1993).

Harald Grill, geboren 1951 in Hengersberg. Lebt als freier Schriftsteller in Wald/Landkreis Cham. Kulturförderpreis der Stadt Regensburg (1983), Würzburger Literaturpreis (1988), Friedrich-Baur-Preis der Bayerischen Akademie der Künste (1992), Mitglied des PEN-Zentrums der BRD. Zahlreiche Veröffentlichungen, zuletzt u.a. „wenn du fort bist. Gedichte" (1991), „einfach leben. bairische gedichte" (1994), „Hochzeit im Dunkeln. Erzählung"

(1995), „Hans im Glück – hin und zurück. Geschichten vom Land“ (1996), „Stilles Land an der Grenze“, Fotoband zusammen mit G. Moser (1996), „Hinüber. Gedichte“ (1996).

Günter Hack, geboren 1971 in Kelheim, aufgewachsen in Abendsberg, momentan Münchner. Gelernter Schriftsetzer und beinahe fertiger Kommunikationswissenschaftler. Autor von Hörspielen für den Saarländischen Rundfunk, veröffentlichte den bayerischen Science-Fiction-Heimatroman „Freistaat“ (1996), programmiert für diverse Projekte im World Wide Web.

E. W. Heine, in Berlin geboren, studierte Archäologie und Architektur, lebte viele Jahre als freier Architekt und Herausgeber einer Monatszeitschrift in Johannesburg/Südafrika, als Berater des Innenministeriums in Saudi-Arabien. Er lebt heute als freier Autor bei Abensberg. Seine Bücher wurden in viele Sprachen übersetzt. Neben kulturgeschichtlichen Themen, Theaterstücken und Drehbüchern wurde er einem größeren Publikum vor allem durch seine makabren Erzählungen bekannt. Veröffentlichte zuletzt den Roman „Das Halsband der Taube“ (1994) und „Noah & Co“.

Anke Humpeneder-Graf, geboren 1963 in Landshut, Studium der Kunstgeschichte in München. Arbeitet freiberuflich als Journalistin und Autorin. Lebt im Landkreis Landshut.

Bruno Jonas, 1952 in Passau geboren, lebt in München. Autor, Schauspieler, Kabarettist; fünf Kabarettsoloprogramme, zuletzt „Wirklich wahr“ (1991), „hin und zurück“ (1995), eigene Fernsehsendung „Jonas“, Kinofilm „Wir Enkelkinder“ (1992), Buchveröffentlichung u.a. „Es soll nie wieder vorkommen“ (1996).

Alois Jurkowitsch, geboren 1948 in Suben/Oberösterreich. Lebt in Passau als Fotograf und Objektkünstler. Seit 1976 zahlreiche Foto- und Dokumentations- sowie Objektausstellungen, u.a. in Passau, Straubing, Linz, München; Buchveröffentlichung „Hausmeisterkunst“ (1984).

Manfred Kempinger, Jahrgang 1958, Kabarettist und Autor. Programme: „Passauer Tonköpfe“ (1990), „ Zwoaraloa – ein Abend ein Morgen“(1993), „bayernand sei“ (1994), „Ödipum, Carmen und der Burana“ (1996). Mitherausgeber der Literaturzeitschrift „Passauer Pegasus“. Lebt in Passau.

Hans Klein, geboren 1949 in Straubing, lebt hier als Psychotherapeut und Philosoph. Veröffentlichung von Lyrik, Prosa und Hörspiel in in- und ausländischen Zeitschriften, Jahrbüchern und im Rundfunk. Buchveröffentlichungen: „Hinter meinem Rücken. Gedichte“ (1989), „So weit so nah. Gedichte“ (1994), „Diese Erde. Gedichte“ (1995), „Narben. Aufzeichnungen“ (1996) „Von der Not des Helfens. Beiträge zum Verständnis des Humanen“ (1997).

Karl Krieg, geboren 1957 in Untergriesbach bei Passau. Bibliothekar an der Universitätsbibliothek Passau, Mitherausgeber der Literaturzeitschrift „Passauer Pegasus“. Ossi-Sölderer-Preis 1985. Veröffentlichte den Mundartgedichtband „Heazzbluadblodan“ (1993) und zusammen mit B. Setzwein und H.Pöhnl „HinterBayern“ (1996).

Irene Kubelka, geboren 1933 in Deggendorf, Studium in München, zuletzt Studiendirektorin in Deggendorf. Lebt bei Schloß Egg nahe ihrer Heimatstadt. Veröffentlicht seit einigen Jahren in Zeitungen, Zeitschriften, Anthologien und im Rundfunk.

Reiner Kunze, geboren 1933 in Oelsnitz/Erzgebirge. Seit 1962 freiberuflicher Schriftsteller. 1977 Übersiedlung von der DDR in die BRD, lebt seitdem in Obernzell-Erlau bei Passau. Zahlreiche Literaturpreise u.a. Deutscher Jugendbuchpreis (1971), Literaturpreis der Bayerischen Akademie der Schönen Künste (1973), Georg Trakl-Preis (1977), Georg-Büchner-Preis (1977), Geschwister-Scholl-Preis (1981). Zahlreiche Veröffentlichungen, u.a. „zimmerlautstärke“ (1972), „auf eigene hoffnung“ (1981), „Deckname Lyrik“ (1991), „Am Sonnenhang“ (1993).

Bruno Mooser, geboren 1925 in Tettenweis bei Ruhstorf, 1952 – 1988 Lehrer am Institut für Hörgeschädigte in

Straubing, lebt in Straubing. Seit 1970 Mitglied der Deutschen Gesellschaft für Fotografie, Preisträger vieler Fotowettbewerbe. Veröffentlichte zusammen mit dem Autor Alois Fink den Bildband „Niederbayern" (1989) und den S/W-Fotoband „Niederbayern. Fotografische Seitenblikke" (1990).

Daniel Muggenthaler, geboren 1964 in Cham, Studium der Volkskunde, lebt in Straubing und Regensburg. Arbeitet als freier Journalist, derzeit hauptberuflich Vater von zwei Kindern. Fotoarbeiten u.a. für das Reise-Lesebuch „Oberpfalz" (1995).

Herbert Pöhnl, geboren 1948 in Furth im Wald. Betriebswirt, Fotograf, Redakteur des Magzins „lichtung". Lebt in Viechtach. Zahlreiche Fotoausstellungen, veröffentlichte die Fotobände „Grenzlandschaften" (1989) und zusammen mit den Autoren Karl Krieg und Bernhard Setzwein „HinterBayern" (1996).

Alexeij Sagerer, geboren 1944 in Plattling, gründete 1969 in München das Theater proT, vielfältige Theater- und Filmarbeit als Autor, Schauspieler und Regisseur, u.a. „Tieger von Äschnapur" (1977), das Projekt „Maiandacht" jeweils im Mai mit täglich wechselnder Gastbesetzung (1987 – 91), das „Nibelungen & Deutschland Projekt" (1992 – 97), zuletzt „... und morgen die ganze Welt" (ab 1997).

Jutta Sandmaier, geboren 1966 in Landau an der Isar. Lebt seit 1985 in Regensburg. Studium für das Lehramt an Gymnasien (Deutsch, Französisch), 1989/90 Lehrerin in Chartres, z.Zt. Lehrerin in Bayreuth, Laienschauspielerin. Veröffentlichungen in verschiedenen Zeitungen und Zeitschriften.

Harald Rolf Sattler, 1939 in Wien geboren. Cartoonist und Satiriker, freier Mitarbeiter bei rund 150 Zeitungen und Zeitschriften im In- und Ausland; zahlreiche Ausstellungen, Buchveröffentlichungen, u.a.„Neandertaler unterwegs" (1994). Lebt auf einem Bauernhof im Landkreis Passau.

Norbert Elmar Schmid, geboren 1952 in Haselmühl bei Amberg, Gymnasiallehrer, Übersetzer, Kulturberichterstatter. Lebt in Deggendorf. Veröffentlichungen zu literatur-, kultur- und zeitgeschichtlichen Themen in Zeitungen, Zeitschriften und im Rundfunk sowie in Anthologien, u.a. in „Oberpfalz. Reise-Lesebuch" (1995).

Ludwig Schricker, Jahrgang 1920, lebt in Straubing. Bis 1985 Vorsitzender Richter beim Landgericht Regensburg. Veröffentlichte Fotos u.a. in den Zeitschriften „Deutsches Lichtbild", „Leicafotografie".

Hans Dieter Schwarze, geboren 1926 in Münster/Westfalen. Verfasser von Lyrik, Prosa, Essays, Dramen und Hörspielen. Arbeitete als Regisseur u.a. an den Münchner Kammerspielen, 1960 – 68 bei der Bavaria-Filmgesellschaft in München, 5 Jahre Intendant des Westfälischen Landestheaters Castrop-Rauxel, danach freiberuflich tätig als Regisseur und Schriftsteller. Seit 1973 wohnhaft bei Reisbach im Landkreis Dingolfing, er starb 1994. Zahlreiche Preise, u.a. Bundesfilmpreis in Gold für „Alle Jahre wieder" (1967), Landesbühnenpreis für „Ein wunderlicher Kerl" (1986). Viele Buchveröffentlichungen, u.a. „Ludwig Leiserer. Roman" (1983), „Geh aus mein Herz" (1990), „Fuß für Fuß. Manteltaschen-Notizen" (1993).

Florian Sendtner, geboren 1965 in Mallersdorf, Studium der Germanistik und Philosophie in Regensburg und Berlin. 1993 Ausstellung „Das Boot ist voll. Zur Geschichte einer Parole", 1991 – 94 Redakteur der Regensburger Akademischen Vierteljahreshefte. Lebt in Regensburg.

Albert Sigl, geboren 1953 in Landshut, lebt in Erding. 1987 Stipendium „Münchner Literaturjahr". Beiträge im Rundfunk und in Anthologien, Buchveröffentlichungen ferner „kopfham" (1982), „die gute haut" (1985), Hörspiel „kopfham" (1986).

Martin Sperr, geboren 1944 in Steinberg. Autor, Regisseur und Schauspieler, lebt in München. Bekannt geworden durch seine Theaterstücke „Jagdszenen aus Niederbayern" (1966), auch verfilmt mit M. Sperr als Hauptdarsteller, „Landshuter Erzählungen“ (1967), „Münchner Freiheit“ (1969), zusammengefaßt zu einer „Bayerischen Trilogie“ (1972), „Koralle Meier“ (1970). Nach einer schweren Krankheit Anfang der 70er Jahre ist Sperr vor allem als Schauspieler tätig. Zahlreiche Preise, u.a. Preis der Zeitschrift „Theater heute“ (1967), Fördergabe des Schiller-Gedächtnispreises (1968), Ernst-Hoferichter-Preis (1977), Mülheimer Dramatikerpreis (1978).

Wolfgang Sréter, 1946 in Passau geboren, 1977 – 88 Lehrer in München, seit 1994 Dozent für Kulturmanagement am Berufsfortbildungswerk München, lebt in München. 1993 Stipendium für Literatur der Stadt München, 1996 Preisträger beim trinationalen Literaturwettbewerb des SDR. Autor mehrerer Theaterstücke, Mitarbeit bei verschiedenen Theater- und Filmprojekten, Buchveröffentlichungen, u.a. „Das Iwanbrettl“ (1988), „Traglinger“ (1993).

Georg Willmerdinger, geboren 1967 in Vilshofen, Ausbildung zum AV-Mediendesigner in Stuttgart, 1990 Assistent von Hans Namuth und Wolfgang Wesener in New York. Nachwuchsförderpreis des Landkreises Passau (1995), 2.Preis beim Wettbewerb „Jazzfoto des Jahres“. Arbeitet als freiberuflicher Fotograf in Vilshofen.

Harry Zdera, 1959 in Kemnath/Oberpfalz geboren, arbeitet als freier Fotograf mit den Schwerpunkten Architektur, Theater, Reportage. Lebt in Landshut.

Peter Zieske, 1936 in Fürstenzell bei Passau geboren, Studium an der Akademie der Bildenden Künste in München, seit 1965 Kunsterzieher in Passau, Lehrauftrag an der Universität Passau für Fotografie, verschiedene Ausstellungsbeteiligungen. Lebt in Passau.

Siegfried Zimmerschied, 1953 in Passau geboren. Kabarettist, Schauspieler, Regisseur, Autor. Preise: Deutscher Kleinkunstpreis (1979), Ernst-Hoferichter-Preis (1984), Ludwig-Thoma-Medaille (1986). Zahlreiche Kabarettprogramme, zuletzt „Ausschwitz'n“, „Danemlem“, Kinofilm „Schartl“ (1993). Zahlreiche Buchveröffentlichungen, zuletzt „Ausschwitz'n“ (1990), „Passauer Kalendarium 91“ und „Passauer Kalendarium 92“.

Textnachweis

Hans Carossa, Fremde Welt. Aus: Hans Carossa, Sämtliche Werke, Band I, S.76,77 © Insel Verlag Frankfurt am Main 1979

Günter Eich, Geisenhausen. Aus: Günther Eich, Gesammelte Werke, Band I © Suhrkamp Verlag Frankfurt am Main 1973

Peter Ettl, Und dann. Der Beitrag stammt aus dem Gedichtband „Der schwarze Vogel geht in die Warteschleife“, edition prima vista, Gelsenkirchen.

Harald Grill, Ausfahrt Hengersberg. Aus: Harald Grill, Hinüber. Gedichte © lichtung verlag GmbH 1996

E.W. Heine, Des Herzogs letzter Rundgang. Aus: E.W. Heine, Das Halsband der Taube © Albrecht Knaus Verlag GmbH, München 1994. Die Überschrift wurde vom Herausgeber gewählt.

Bruno Jonas, Irrealis. Aus: Bruno Jonas, Es soll nie wieder vorkommen © Karl Blessing Verlag GmbH, München 1996

Manfred Kempinger, Der Stehempfang. Aus: Manfred Kempinger, Ödipum, Carmen und der Burana © lichtung verlag GmbH 1996. Es handelt sich um die fünfte Szene des Stücks, die Überschrift wurde vom Herausgeber gewählt.

Reiner Kunze, Verregneter Sommer. Aus: Reiner Kunze, auf eigene hoffnung. Gedichte. © S.Fischer Verlag GmbH, Frankfurt am Main, 1981

Alexeij Sagerer, Ja, woas machma den iaz? Sechs Kurzdialoge. Aus: Alexeij Sagerer, Niemand fällt mehr aus der Rolle. Neun Minidramen. Aufführungsrechte beim Theaterstückverlag München, Uraufführung frei, bisher unveröffentlicht.

Martin Sperr, Jagdszenen aus Niederbayern. Aus: Martin Sperr, Jagdszenen aus Niederbayern, S. 16-27 © Suhrkamp Verlag 1972. Der Text umfaßt die dritte, vierte und fünfte Szene; die Szenenbezeichnung im Text wurde hier weggelassen.

Hans Dieter Schwarze, Die Hexe von Ahnkofen. Das „Legendengedicht“, bisher unveröffentlicht, stammt aus dem Nachlaß von Hans Dieter Schwarze, Rechte bei Karin von Wangenheim Schwarze.

Siegfried Zimmerschied, Schrei net so! Der Text ist ein Ausschnit aus dem Kabarettprogramm „Danemlem“, die Überschrift wurde vom Herausgaber gewählt.

Herausgeber und Verlag danken allen Autoren und Verlagen für die erteilten Abdruckgenehmigungen, allen Fotografen, dem Freilichtmuseum Finsterau sowie Familie Gandorfer/Frau Gierstorfer und Herrn Bernd Baader für die zur Verfügung gestellten Fotos.

Peter Becher/Hubert Ettl (Hrsg.), Böhmen. Blick über die Grenze. Reise-Lesebuch, 180 S., 100 S/W-Fotos, 39,80 DM, ISBN 3-9802078-4-6

„Was die Bilder versprechen – ***labyrinthische Zugänge zur Geschichte und Gegenwart Böhmens*** *–, das halten die sorgfältig ineinander komponierten Texte, ein Glasperlenspiel des Paradoxen, Absurden, der Melancholie und des dennoch immer wieder durchblickenden, oft augenzwinkernden Behagens am Leben".* (Frankfurter Allgemeine Zeitung)

„Ein deutsch-tschechoslowakischer ***Schriftstellerdialog als Modell für die Aussöhnung*** *mit dem ehemaligen Ostblock".* (Deutschlandfunk)

Hubert Ettl (Hrsg.), Bayerischer Wald. Reise-Lesebuch, 180 S., 92 S/W-Fotos, 39,80 DM, ISBN 3-9802078-9-7

„... nicht nur ein Reiselesebuch für die Fremden. Es ist vor allem auch ***ein Buch zum Nachdenken über Heimat*** *für die Daheimgebliebenen."* (die Woche)

„eine querdenkerische Bayerwald-Anthologie"
(Süddeutsche Zeitung)

Hubert Ettl/Harald Grill (Hrsg.), Oberpfalz. Reise-Lesebuch, 180 S., 90 s/w-Fotos, 39,80 DM, ISBN 3-929517-07-8

„Mit ihrem dritten ‚Reise-Lesebuch' legt die Viechtacher edition lichtung einen ***Text- und Bildband*** *vor,* ***wie ihn sich andere Regionen nur wünschen können: historische Spurensuche, freche Satire und leise Liebeserklärung, illustriert mit einer Fülle erstklassiger Schwarzweißfotos."***
(Süddeutsche Zeitung)

„Dabei wird allen Klischees aus dem Weg gegangen, nie wird das herbe Land verherrlicht, Regensburg aus anderer als der gängingen Sicht porträtiert. ***Ein Band also, der nicht plump lobhudelt, sondern Facetten herausarbeitet."*** (DIE ZEIT)

Karl Krieg/Herbert Pöhnl/Bernhard Setzwein, HinterBayern. Fotos: Herbert Pöhnl, Texte: Karl Krieg und Bernhard Setzwein, Fotoband mit 41 S/W-Fotos, 96 S., Format 29 cm x 23,5 cm, 48,- DM, ISBN 3-929517-11-6

*„**Ein stilles, fast melancholisch anmutendes Buch**, das seine besondere Ausstrahlung vor allem den exzellenten Schwarzweißbildern von Herbert Pöhnl verdankt.“* (DIE ZEIT)

Erwin Eisch, Wachsen aus Vergänglichkeit. Zum Streit um die Erweiterung des Nationalparks Bayerischer Wald, 25 Farbabb. von Zeichnungen Erwin Eischs **mit Texten von Hans Bibelriether, Ines Kohl, Karl Krieg und Herbert Pöhnl,** 68 S., 48 DM, ISBN 3-929517-14-0

„ein künstlerisches Schmankerl“
(Mittelbayerische Zeitung)

Harald Grill, Hinüber. Gedichte. Mit 9 Sensenengel-Zeichnungen von MAYAN, 64 S., Broschur mit Fadenheftung, 17,80 DM, ISBN 3-929517-13-2

*„Bedachtsam karg wie immer bei Grill das Sprachmaterial, neu aber ein energisch gestauter, stockend drängender Rhythmus. ... **Aphoristische Lakonik gebiert poetische Bilder von visionärer Wucht**.“*
(Bayerische Staatszeitung)

Karl Krieg, Heazzbluadblodan, Mundartgedichte, 64 S., Broschur, 17,80 DM, ISBN 3-9802078-7-0

*„**Ein ungewöhnlich schöner Band abseits aller Massenlyrik**, der jeder Bücherei nur ans Herz gelegt werden kann.“*
(Bavarica-Empfehlungsliste des St.Michaelsbund)

Manfred Kempinger, Ödipum, Carmen und der Burana, 48 S., Broschur, 9,80 DM, ISBN 3-929517-16-7

*„eine tollwütige Tirade, **ein grimmiger, hohnstrotzender Abgesang auf den Ungeist der bayerischen Provinz**. ... schrill, grotesk, ... deftig-böse“*
(Süddeutsche Zeitung)

Neandertaler unterwegs. Belangloses von Harald R. Sattler. Satiren und Cartoons, 77 S., 19 Abb., Broschur, 19,80 DM, ISBN 3-929517-05-1

*„Daß er **ein exzellenter satirischer Zeichner** ist, hat Zeitungslesern nicht entgehen können. Seine Talente als Schreiber lagen dagegen brach, **jetzt macht Harald R. Sattler nachdrücklich aufmerksam aufs Doppeltalent**“.* (Frankenpost)